谢波峰◎著

互联网税收

政策与管理12讲

清华大学出版社
北京

内容简介

随着“互联网＋”战略的推进，互联网税收政策与管理是目前税收领域备受各界关心的焦点问题之一。本书通过对互联网和电子商务总体的战略判断，进而对“互联网＋税收”的内在逻辑进行相应的分析，提出了我国“互联网＋税收”蓝图建设的设想，并且讨论分析了“互联网＋税收”所需要的顶层设计。在此基础之上，本书针对以下方面做了进一步细化：首先，进一步讨论了互联网税收政策和管理的理论基础，介绍了合作型遵从理论的发展，结合该理论研究了合作型遵从理论下的大企业税收风险管理，提出了通过一减一加实现“互联网＋税收”风险管理的设想。其次，介绍了电子商务税收政策领域发展的最新成果，并提出了通过电子发票进行系统性治理的做法。最后，本书提出了通过大数据体系构建互联网时代的税收征管体系的构想。

图书在版编目(CIP)数据

互联网税收政策与管理12讲 / 谢波峰著. —北京：清华大学出版社，2018 (2022.1重印)
ISBN 978-7-302-50478-8

Ⅰ.①互… Ⅱ.①谢… Ⅲ.①互联网络－应用－税收政策－研究 ②互联网络－应用－税收管理－研究 Ⅳ.①F810.422 ②F810.423

中国版本图书馆 CIP 数据核字(2018)第 121938 号

责任编辑：杨静华
封面设计：刘　超
版式设计：楠竹文化
责任校对：何士如
责任印制：杨　艳

出版发行：清华大学出版社
网　　址：http://www.tup.com.cn，http://www.wqbook.com
地　　址：北京清华大学学研大厦 A 座　　**邮　　编**：100084
社 总 机：010-62770175　　**邮　　购**：010-62786544
投稿与读者服务：010-62776969，c-service@tup.tsinghua.edu.cn
质量反馈：010-62772015，zhiliang@tup.tsinghua.edu.cn
印 装 者：涿州市京南印刷厂
经　　销：全国新华书店
开　　本：148mm×210mm　　**印　　张**：5.25　　**字　　数**：139 千字
版　　次：2018 年 10 月第 1 版　　**印　　次**：2022 年 1 月第 3 次印刷
定　　价：42.00 元

产品编号：077701-01

序
Preface

首先祝贺谢博士的这本著作出炉。

谢博士 1998 年来到人民大学就读研究生，后陆续获得了硕士、博士学位，并于 2004 年留校任教。2004 年至今，他一直从事着税收信息化领域的工作和研究，二十年来初心不改。在此期间，他曾随同我一起参与了税务部门大集中的讨论、金税工程三期规划、金融信息化"十一五"规划等重要财税金融信息化项目，也算是有一定的财税金融信息化的实践经历和体会，并且他的这些理论和实践活动，在税务信息化业内也得到了来自各方面的高度认可。

本书是谢博士近年来研究成果的结晶，涉及税收信息化研究的各个方面，也算是他从事税收信息化研究的一座里程碑。

在我看来，这本书的特点包括以下几点：

第一，本书既有高屋建瓴的税务信息化宏观外部环境的考虑、顶层设计等，又有对整体蓝图的构想规划，还进一步地研究了风险管理、电子发票、电子商务等具体问题。在讨论现状之外，本书还展望性地讨论了未来互联网税收政策和管理。

第二，难能可贵的是，书中每一讲都较为成熟，具体体现在每一讲都至少有一篇作者正式发表的文章，反映了其长期关注和研究的成果。不少本书中涉及的主题，作者都发表过相关文章。与纯粹的写书、编书相比，本书中每讲应该都是建立在一定研究基础上的。

第三，本书各讲当中，有不少内容是具有一定独特见解的。例如，针对大数据领域、电子商务税收、电子发票等。大数据领域是我们研究所近年来的重点发展方向，研究所团队不仅具有较多的理论成果，而且在各地国、地税部门都有实践应用。谢博士作为研究骨干之一，他的研究成果在书中有一定体现。另外据我所知，谢博士关于电子发票的政策建议是得到有关领导和税务部门关注的，并且他与腾讯公司有相应课题的合作。

当然，书中也有不少有待提高之处。例如，针对税收信息化宏观环境的讨论，应该更深入地讨论党的十九大之后中国互联网和信息化面临的形势和背景，又如税收大数据应用还缺少对人工智能的关注。

总之，在我看来，本书中体现的研究成果基本上代表了我国税收信息化研究的较高水平。这些年税收信息化的研究对象一直在不断发展，而且涉及学科众多，影响因素也不少，学科研究的边界和方法尚在不断成熟当中，规范性和学术认可度有待加强，期待谢博士在这方面继续努力，争取取得更多的成果！

谭荣华

中国人民大学财政金融学院教授

中国人民大学金融与财税电子化研究所所长

2018年7月1日

目 录

Contents

第1讲 对互联网和电子商务发展总体研判、顶层问题及着力重点的若干观点[①]

本讲作为开篇之讲，讨论了互联网税收政策与管理所需要关注的宏观问题。与其他各讲比较而言，虽然本讲篇幅不大，但涉及面极广。除了作者的具体观点之外，本讲的学习重点应当是考虑互联网税收政策和管理时应该具备的方法论和空间格局。

一、对互联网与电子商务发展态势总体研判的若干看法

第一，无论是 Amazon、Facebook、Google 等互联网和电子商务公司的全球拓展，比特币、P2P 等互联网金融产品和服务的兴起，还是人民币国际化、金融监管规则、BEPS（国际反税基侵蚀和利润转移合作）等国际经济舞台新规则的出台，都反映和重合了金融危机后对全球产业结构、政经秩序重构的需要。观察互联网和电子商务的发展需要以此为背景，研究其对我国今后的经济社会转型的意义和重点，更需如此。

① 本讲成文于2014年前后。某副省级城市要进行基于互联网的产业规划，因缘际会，一名关心和了解我研究特长的学长替我把此讲内容转给了相关人士，经过这么多年，回头来看，仍有一定价值。把此讲作为本书的第1讲，是想表达观察互联网、电子商务世界需要一种大局观的观点，甚至这种大局观是首要的。

第二，近年来互联网和电子商务发展迅速，正是契合了社会经济发展的内在趋势——各国、各行各业、各层面互相沟通、联合发展，而大社会、大经济、大金融[①]等一系列现象和态势的形成正是“因互联而大”的直接结果。

第三，把控互联网和电子商务的核心层面、核心节点，不仅是企业能够在新时代风生水起、纵横驰骋的关键，也是政府着力实现社会发展愿景的重点。

第四，互联网和电子商务将是推进经济社会治理的新领域、新平台、新手段，是新常态的一个重要方面。目前看来，互联网和电子商务应该是对当前中国发展影响最为深远的技术层面因素。对于财税体制改革、金融市场改革、国有企业改革等重要改革领域而言，这些来自技术层面推动力量的影响，其重要性或许可比拟以往历史变革中的机械、能源等技术因素。

二、互联网和电子商务发展的若干顶层性问题

互联网和电子商务发展的顶层性问题首当其冲的应该就是是否需要重建商业经济旧规则的问题，在此之后，才是政府和市场的分工问题，最后才是其他若干需要关注的重点问题。

1. 互联网和电子商务的发展是游戏规则的重塑，还是旧规则在新游戏场的复制

互联网和电子商务的发展必须树立新规则，要吐故纳新，要在商业文化、产业链条和社会形态方面，建立社会转型所需的新型商业、新型工业和新型社会秩序。

---

① 2013年前后，“大数据”一词开始风靡信息化内外各界，与之相关的各种名词纷纷出现，这无一不表明，跨行业的视角已成为一种流行的风格。

2. 政府和市场力量在互联网和电子商务发展中的作用

要正确认识政府力量的作用。当前的主要问题,已经不仅仅是技术创新和企业发展层面的问题了。在互联网和电子商务发展的过程中,外部性成本和收益校正的问题在逐步出现,如果继续机械地墨守"市场决定论",而不是主动地发挥政府的作用,以正确的方式和手段解决这些问题,互联网和电子商务的健康发展必然会受到既得利益集团的影响,从而丧失发展机遇。

3. 互联网和电子商务的发展如何与传统社会和经济转型相结合的问题,避免所谓"数字鸿沟"[①]的出现

应该结合传统社会和经济转型的核心焦点问题,充分研究、利用互联网和电子商务的技术特性,服务于社会和经济的转型和升级。现在看来,数字鸿沟在中国表现出来的特色可能不是使用信息技术的机会,而是不同阶层拥有不同的数字信息社区和信息来源方式。众多的互联网信息事件多多少少都在证明:在信息的海洋中,由于注意力的匮乏,不同阶层各自都沉浸在各自想象的虚拟的数字世界中。

三、对互联网和电子商务发展若干着力重点的建议[②]

作为一个区域经济体,如何引领产业发展,居于同类区域经济的前列,应该考虑以下问题。

1. 积极参与国家层面的互联网和电子商务产业发展试点

积极参与国家层面的互联网和电子商务产业发展试点,例如电子发票、电子支付、跨境电子商务等。在试点探索相关标准的制定过

---

① 数字鸿沟(Digital Divide)的定义最早由美国国家远程通信和信息管理局(NTIA)于1999 年在名为《在网络中落伍:定义数字鸿沟》的报告中给出,指的是存在于拥有信息时代的工具者与未曾拥有者之间的鸿沟。数字鸿沟体现了当代信息技术领域中存在的差距现象。

② 这些建议有些已经成为现实,但不少仍然需要进一步努力推进。

程中，鼓励企业积极参与，不仅有助于企业形成互联网时代所需的先发优势和规模优势，而且这一过程中积累的优势也可成为企业成长的核心优势和利润所在。

2. 建设信息流、资金流、物流的统一体系

通过电子票据、电子支付、信息公开等核心系统，形成基于政府、企业、公民合作型关系的、互联互动的信息网络，进一步培养基于大数据的核心分析能力，提升政府治理能力并推动现代化治理体系的形成。

3. 打造面向全球服务的、联结国内外产业链条的跨境电子商务平台

打造面向全球服务的、联结国内外产业链条的跨境电子商务平台，在这一过程中，发展基于互联网和电子商务平台的现代服务业(金融创新、产品设计、商业服务等)，形成产业链条合理分工、利润合理分配、资金合理配置的良性格局。

4. 融合互联网和电子商务发展、社会和经济发展两个层面的进程①

融合互联网和电子商务发展、社会和经济发展两个层面的进程，例如以电子商务税收政策推动基于消费的财税体制改革，以互联网金融推动金融体系和市场的改革，以基于网格的物联网理念推动社会管理能力的提升，以基于大数据的数据公开中心推动公共部门治理体系的完善。

参考文献

[1] 习近平．在网络安全和信息化工作座谈会上的讲话．人民日报，

① 这与近些年提出的“O2O(Offline To Online)”理念有异曲同工之处，无论是“鼠标加水泥”还是“O2O”，实际上都是在承认，在相当长的一段时间内，线上和线下的融合是必需的。

2016-04-26.

[2] 习近平．实施国家大数据战略　加快建设数字中国．人民日报，2017-12-10.

[3] 习近平．加快推进网络信息技术自主创新，朝着建设网络强国目标不懈努力．人民日报，2016-10-10.

[4] 国务院．国务院关于印发促进大数据发展行动纲要的通知（国发〔2015〕50 号）. 2015-09-05.

[5] 国务院．国务院关于积极推进“互联网＋”行动的指导意见（国发〔2015〕40 号）. 2015-07-04.

[6] 国务院．国务院关于印发新一代人工智能发展规划的通知（国发〔2017〕35 号）. 2017-07-20.

[7] 印发《关于促进分享经济发展的指导性意见》的通知（发改高技〔2017〕1245 号. 2017-07-3.

[8] 国务院办公厅．国务院办公厅关于印发政务信息系统整合共享实施方案的通知（国办发〔2017〕39 号）. 2017-05-18.

[9] 国务院．国务院关于大力发展电子商务加快培育经济新动力的意见（国发〔2015〕24 号）. 2015-05-07.

[10] 谭荣华，蔡金荣．电脑、机顶盒、手机为终端的因特网和电子税收．中国税务，2000(9):58-59.

[11] 谢波峰．从税务电算化到“互联网＋税务”：信息技术在我国税务管理中应用研究的回顾和展望．税务研究，2017(3):14-18.

第2讲 “互联网＋税务”内在发展逻辑

本讲梳理了“互联网＋税务”战略的提出过程，以及当前税务部门“互联网＋税务”的特点，认为“互联网＋税务”的提出是符合一定逻辑的必然结果，并且进一步从税务部门学习行业最佳实践、信息化宏观微观发展需要、现代税务管理发展规律等三方面详细分析了该战略的内在逻辑。

一、“互联网＋税务”的兴起

（一）“互联网＋”的提出

国内“互联网＋”理念的提出，最早可以追溯到2012年11月，易观国际董事长兼首席执行官于扬先生在第五届易观移动互联网博览会上的发言中称：“在未来，‘互联网＋’公式应该是我们所在行业的产品和服务，在与我们未来看到的多屏全网跨平台用户场景结合之后产生的这样一种化学公式。我们可以按照这样一条思路找到若干这样的想法。而怎么找到你所在行业的“互联网＋”，则是企业需要思考的问题。”

2014年11月，李克强总理出席“首届世界互联网大会”时指出，互联网是大众创业、万众创新的新工具。其中“大众创业、万众创新”后来成为政府工作报告中的重要主题，被称作中国经济提质增效升级的“新引擎”，可见其重要作用。

2015 年全国两会召开时，全国人大代表马化腾[①]提交了《关于以“互联网＋”为驱动，推进我国经济社会创新发展的建议》的议案，对经济社会的创新战略路径提出了建议和看法。他呼吁经济和社会的创新发展应该以“互联网＋”为驱动力量，要鼓励产业创新，促进跨界融合，惠及社会民生。他认为“互联网＋”是指包括传统行业在内的各行各业与新兴互联网信息技术的结合。通过这种结合，不仅会出现各行业的创造性改变，还将会出现新领域的新生态创造。

2015 年 3 月 5 日上午的第十二届全国人民代表大会第三次会议上，李克强总理在政府工作报告中首次提到“互联网＋”行动计划，提出“制定‘互联网＋’行动计划，推动移动互联网、云计算、大数据、物联网等与现代制造业结合，促进电子商务、工业互联网和互联网金融健康发展，引导互联网企业拓展国际市场”。

2015 年 7 月，国务院发布《国务院关于积极推进“互联网＋”行动的指导意见》(国发〔2015〕40 号)，正式部署“互联网＋”行动计划。“互联网＋”行动计划指出：“‘互联网＋’是把互联网的创新成果与经济社会各领域深度融合，推动技术进步、效率提升和组织变革，提升实体经济创新力和生产力，形成更广泛的以互联网为基础设施和创新要素的经济社会发展新形态。”

该行动计划包括 11 个具体行动：一是“互联网＋”创业创新。充分发挥互联网对创业创新的支撑作用，推动各类要素资源聚集、开放和共享，形成大众创业、万众创新的浓厚氛围。二是“互联网＋”协同制造。积极发展智能制造和大规模个性化定制，提升网络化协同制造水平，加速制造业服务化转型。三是“互联网＋”现代农业。构建依托互联网的新型农业生产经营体系，发展精准化生产方式，培育多

---

① 马化腾先生是腾讯公司主要创始人之一，现担任腾讯公司控股董事会主席兼首席执行官，百度、阿里、腾讯是所谓的“BAT”，号称中国互联网企业的“三巨头”。

样化网络化服务模式，完善农副产品质量安全追溯体系。四是“互联网＋”智慧能源。推进能源生产和消费智能化，建设分布式能源网络，发展基于电网的通信设施和新型业务。五是“互联网＋”普惠金融。探索推进互联网金融云服务平台建设，鼓励金融机构利用互联网拓宽服务覆盖面，拓展互联网金融服务创新的深度和广度。六是“互联网＋”益民服务。创新政府网络化管理和服务，大力发展线上线下新兴消费和基于互联网的医疗、健康、养老、教育、旅游、社会保障等新兴服务。七是“互联网＋”高效物流。构建物流信息共享互通体系，建设智能仓储系统，完善智能物流配送调配体系。八是“互联网＋”电子商务。大力发展农村电商、行业电商和跨境电商，推动电子商务应用创新。九是“互联网＋”便捷交通。提升交通基础设施、运输工具、运行信息的互联网化水平，创新便捷化交通运输服务。十是“互联网＋”绿色生态。推动互联网与生态文明建设深度融合，加强资源环境动态监测，实现生态环境数据互联互通和开放共享。十一是“互联网＋”人工智能。加快人工智能核心技术突破，培育发展人工智能新兴产业，推进智能产品创新，提升终端产品智能化水平。

（二）“互联网＋税务”的呼应

自2015年李克强总理在两会期间明确将“互联网＋”作为国家战略之后，各行各业都在深入思考和实践这个战略。税务部门作为与社会公众联系最为广泛的政府重要部门之一，毫无例外地也在积极落实该国家战略。在各地前前后后[①]积极实践的基础之上，国家税

① 早在“互联网＋”战略提出前，税务部门就已经以类似的名义开展相应的探索。例如2014年8月，国家税务总局就在湖北地税的试点项目中提出建设下一代互联网电子税务局的设想，又如2015年2月，北京市互联网地税局海淀区地税局试点运行。在国家层面明确提出“互联网＋”战略之后，北京、深圳、广东、吉林等地税务部门积极实践，其中吉林国税的“互联网＋”实践还被新华网报道过，并被国家税务总局王军局长批示表扬。针对各地的“互联网＋税务”实践活动，总局有关领导也不断表态，并提出了相应的观点。

务总局于2015年9月举行司局长级的“互联网＋税务”研讨学习班，邀请国内互联网著名企业介绍“互联网＋”相关前沿经验，并对“互联网＋”在税务领域的实践，进行了详细的讨论。2015年9月28日，国家税务总局通过关于印发《“互联网＋税务”行动计划》的通知（税总发〔2015〕113号），正式在全国税务系统布置实施“互联网＋税务”行动。《“互联网＋税务”行动计划》与国家层面的行动计划紧密衔接，将互联网的创新成果与经济社会各领域融合的抽象目标具体化到税收工作当中，提出拓展信息化应用领域、推动效率提升和管理变革等三大目标，并认为“互联网＋税务”是实现税收现代化的必由之路。该行动计划包括社会协作、办税服务、发票服务、信息服务和智能应用5大板块，布置了20项具体的行动。

（三）我国税务部门“互联网＋”的主要做法

从各省市“互联网＋税务”的实践情况来看，主要做法大致分为以下四种。

1. 全面升级网站功能，实现所谓的“三个全面覆盖”

“三个全面覆盖”即办税渠道全面覆盖、涉税事项全面覆盖、纳税服务全面覆盖，纳税人可以通过门户网站、手机移动、微信、柜员自助机等多种渠道办理涉税事项，包括申报缴税、文书受理、发票领购、行政处罚、税收救济、咨询事务、预约办事、纳税人学堂、公众参与等。

2. 通过智能手机应用程序(App)提供涉税服务事项

例如通过以“12366服务”“纳税人学堂”“税政通”等命名的App，提供在线沟通、政策辅导、政策咨询等纳税服务功能。

3. 应用“O2O”[①]理念，推行无纸化办税

通过涉税信息在各个应用系统的整合和共享，将纳税申报、涉税

① 所谓“O2O”理念，就是要求将网上(online)创新应用和网下(offline)传统服务进行对接，是过去“鼠标＋水泥”提法的发展和延续。

申请、资格认定、发票事项、税收证明等以往依赖纸质文件传递的工作流程，通过网上无纸化办税业务操作完成，避免了纳税人拿着各种纸质文件在不同窗口奔走的辛劳，以充分发挥电子办税的效力。

4. 通过互联网与其他部门联合

目前来看，通过微信办税、第三方平台电子发票等形式与互联网企业联合，通过信息共享方式与银行部门联合，是较为广泛的应用和探索方式。

（四）国内外相关的研究情况

从国内外的研究文献出处来看，较多的“互联网＋”研究来源于美国和中国，并且这些研究大部分集中在大数据的影响方面。有人讨论了大数据与公共政策的关系，认为大数据对政府提升运作效率和精确制定政策有促进作用，也有人则讨论了互动政府的评价问题。当然文献较少的原因可能是研究对象和语境不同所致，毕竟“互联网＋”[①]是一个具有中国特色的国家建设和发展战略。进一步具体来看税务领域的情况，国外相关文献虽然不多，但也有一些，例如经济合作与发展组织(OECD)的税务管理系列(Tax Administration Guidance & Information Series)中有较多相关的文献，这些文献虽然没有以“互联网＋”的标题出现(这从另一方面佐证了“互联网＋”一词的中国特色)，但讨论的都是“互联网＋税务”涉及的电子税务服务、数据利用、应用社交媒体技术等核心问题。国内相关文献稍多一些，但主要是税务部门讨论具体的做法和实践，也有一些进行了稍微深入的思考，例如有学者从政府整体的角度研究了电子税务局的建设，也有些研究者则从税收治理能力和现代税务管理的角度研究了“互联网＋税务”的建设目标。

---

① 有人在一些场合介绍国际经验时，用“internet＋”或“internet plus”来概括国外对应的经验，这基本上是属于“言必称国外”的惯性思维，在国外搜索引擎上，通过这两个关键词找到的外文文献基本上都是中国作者。

总体来看，对于我国“互联网＋税务”的研究在理论方面进行思考和总结的文献并不是很多，亟须相应的探索和创新，这一结论在相应的互联网企业统计数据中也有所反映。根据标准普尔的数据，2015 年世界前 20 大互联网公司中，美国公司占有 11 家，中国有阿里巴巴、腾讯、百度、京东、网易、唯品会 6 家公司上榜，欧洲没有一家，其他 3 家公司分别在日本（2 家）和韩国（1 家）。这一数据从侧面反映出，我国的“互联网＋”实践已经居于世界前列，在理论方面或许也可以努力争先。本讲试图在这一方面抛砖引玉。下面将从该领域的理解误区开始探讨。

（五）对“互联网＋税务”的若干理解误区

由于关心税务管理的各界人士对于“互联网＋税务”战略的认可和期望，使得该课题成为税务管理方面较为热烈的研究话题。虽然在该领域已经有不少共识和成果，但也出现了若干值得商榷的观点和看法，影响着“互联网＋税务”的理解和推进，这些观点和看法主要有以下三种。

1. 热衷于表述形式的讨论

典型的讨论是“互联网＋”究竟是应该“＋”在前还是“＋”在后，即部分人认为“互联网＋税务”和“税务＋互联网”是有区别的。他们认为，“＋”放在税务的右边则是仅仅将互联网当作了渠道，而放在左边则是将互联网当成了基础设施和创新工具。这种观点或许有些道理，但是没有抓住“互联网＋税务”建设的核心和重点。

2. 对“互联网＋税务”的功能和战略定位的讨论

有人将“互联网＋税务”简单地等同于信息技术在税务管理中的应用，是以往税务信息化[①]的代名词。与这种观点相对应，有人则认

① 其实，信息化也不完全等于信息技术应用，一般认为在宏观社会发展层面，信息化应该是和农业化、工业化等概念一个层次的表述，是对社会经济发展应用信息技术达到较高水平的描述（谭荣华，2005）。

为"互联网+税务"如同灵丹妙药，可以"包打天下"，几乎可以克服中国税务管理中存在的所有问题。这是将技术可能性简单等同于管理现实性的另一个简单化理解。

3. 对于建设策略的讨论

有人认为"互联网+税务"就是"互联网企业+税务管理部门"，热衷于与互联网企业的合作，诚然这是短期内最有效率的方式之一，然而这绝对不是"互联网+"战略的真正意图所在。也有人认为"互联网+税务"就是将税务管理业务搬到互联网上，这种做法从实施效果来看，由于现行税务管理对过去网下运行习惯具有一定依赖性，生硬"上网"已经对税务管理部门和纳税人造成了一定的成本增加和效率损失。

本文认为，税务部门的实践方向基本是正确的，存在一些不同的理解是正常的。但要进一步正确理解和推进"互联网+税务"，避免误区，必须从分析"互联网+税务"的内在逻辑出发，认识到这一行动计划的提出符合了社会发展的多方面趋势，具有一定的必然性。"互联网+税务"战略蓝图的构建也必须要有严谨的科学体系，要具有现实基础，并且应具有一定的战略目标和明确的重点建设项目，因此下文将对逻辑、基础以及目标和重点进行相应的分析。

二、"互联网+税务"提出的内在逻辑：符合三大趋势

"互联网+税务"的提出，虽然具有一定的政府管理偶然性行为因素，但是其内在反映了税务部门学习行业最佳实践、信息化宏观微观发展需要、现代税务管理发展规律这三方面的趋势。

（一）税务管理部门学习当今行业应用信息技术最佳实践经验的需要

新公共管理理论（蓝志勇，陈国权，2007）认为，作为提供公共产

品的政府部门，充分学习企业的最佳行业实践，是提升政府管理效率的有效途径。而近些年来，“互联网＋”就是各行各业在应用信息技术方面的最佳实践总结。因此，充分应用“互联网＋”的主要技术“大物移云”，是包括税务部门在内的政府各部门学习各行各业最佳行业实践的必然发展趋势。

所谓的“大物移云”[①]（谢波峰，2015）是把大数据、物联网、云计算和移动互联网等主要技术当作“互联网＋”技术特征的不同维度。在移动网络维度上，要求将固定和移动的各种资源联系在一起；在物联网维度上，要求形成物质形态和数字形态的相互联系的物联网络；在云计算平台的维度上，则是将计算机和人类的智慧融合在一起；在大数据维度上，要求最终形成包含行业智慧经验和发展规律的大数据体系；在这四个有机联系的维度空间内，通过“互联网＋”，融合传统要素和创新力量，形成紧密完整的统一体系，完善和革新行业的产品和服务，推进行业的深入发展。

从世界范围内各行各业企业、公共组织的案例来看，运用“互联网＋”的主要技术特征是适应社会信息技术深入应用的要求，引领当今世界发展的成功的企业和政府部门无不如此。在中国我们可以看到，微信慢慢呈现出取代传统通信交流方式的趋势，支付宝等互联网金融企业成了威胁传统金融企业的重要新生力量，网络渠道成了人们获得新闻、信息的主要方式，滴滴等互联网出行方式搅动着出租车市场的往日格局。

“互联网＋税务”是税务部门在“互联网＋”时代学习企业最佳实践经验的具体表现，是各行各业信息技术成功应用经验在税务管理

① 反映“大物移云”技术运用的典型是一个比较著名的网络故事，讲的是一个比萨店应用新兴“互联网＋”技术来服务客户的故事。故事中，比萨店通过客户号、物联网、客户健康信息，给客户提供精准的服务。这一故事交付的产品是比萨，而税务交付的是服务，抽象掉这一点其实在大体上是一致的。故事很好地运用了大数据、移动互联网、物联网、云计算中的大部分要素，但仔细分析可以发现，“互联网＋”的革新性没有被反映出来。

部门的叠加，是税务部门适应时代发展，努力达到纳税人服务需求日益提升的需要。

（二）信息化宏观微观层面发展的需要在税务管理部门的折射

跳出税务管理来看，在中国利用“互联网＋”的技术特征和优势并非一件新鲜事，其在中国有着历史的发展脉络。本文认为，“互联网＋”的提出继承和发展了中国政府部门以往对信息化与工业化关系的理解和概括，并开拓性地将以往在宏观理论层面的讨论和理解进一步推进到了微观操作层面。

早在 2000 年中共中央制定“十五”计划时，就曾提出过以信息化带动工业化的理论；十六大，又提出了“两化互动”的认识，即以信息化带动工业化，以工业化促进信息化；十七大，进一步认识到了工业化和信息化是同一历史进程的两个观察角度，从而提出了“两化融合”的说法，即大力推进信息化与工业化的融合，这一理解在十八大“信息化与工业化的深度融合”的提法上得到了进一步肯定。而 2015 年提出的“互联网＋”战略和实施计划则解决了我们一直以来在思考的一个问题：如何解决“两化关系”在宏观理论层面与微观操作层面脱节的问题，通过“＋”的表述，将以往“互动”“融合”等抽象概念，转换提升成为更具操作性的国家及部门战略行动。

这一发展需要折射到税务管理部门中，则可以这样理解：信息化要求全面利用新兴互联网技术的各种优点，而工业化要求税务管理制度和业务水平提升到工业发达国家的水平，“互联网＋税务”不仅要求两者相加，更要求两者相融，并且要求在税务管理发展的历史进程中“融二为一”，寓税务管理制度和业务变革于“互联网＋”进程之中。事实上，这一要求恰恰说明了在现阶段，税务管理现代化就是“互联网＋税务”。

税务管理现代化作为政府管理现代化的重要有机组成部分，以其与纳税人联系的广泛性，成为税收国家、税收公民等现代化理念的最佳体现和反映。在税务管理现代化成为当代中国税务管理的建设目标之前，作为“互联网＋税务”前身的税务信息化就已经成为税务领域的重要议题，并在 20 世纪 90 年代引领了当时税务管理的发展方向。随着社会、经济、技术的迅速发展，尤其是继十八届三中全会全面深化改革的要求之后，建设税务管理现代化便成为我国税务管理部门推进税务领域深化改革的重要目标。由此我们也可以了解到税务管理现代化与“互联网＋税务”之间的关系。和税务信息化一样，“互联网＋税务”也并非仅限于信息技术在税务管理中的应用。与税务管理现代化相比，“互联网＋税务”（或者税务信息化）更为具体地表达了高水平税务管理的具体特征，准确地指出了（互联网新一代）信息技术的应用以及信息作为一种资源在税务管理中的核心地位。

（三）现代税务管理发展规律的最佳技术载体

如果将税务管理分为纳税服务和遵从管理两个主要方面，我们可以将现代税务管理发展的主要特征概括为：多方互动沟通和合作实现遵从。

1. 多方互动沟通：以社交媒体的应用为例

近几年来，各国税务管理部门纷纷将社交媒体技术（Social Media Technology）用于纳税服务。OECD 国家中有 17 个税务管理部门使用一种或一种以上的社交媒体工具。具体而言，例如澳大利亚政府发起的播客（GovDex）和面向中小企业（SME）的税收论坛；日本在税务部门的网站上有相应的税收宣传视频；新加坡推出了苹果手机的应用客户端，可以计算个人所得税，并且在 Twitter 上有链接；爱沙尼亚也有专门的纳税人论坛。表 2-1 是根据 OECD 的统计资料（2011）[①]整理的应用情况。从表 2-1 还可以进一步看到，有 13

① 2013 年的进一步统计显示，OECD 国家中已有 19 个使用了社交媒体技术与纳税人沟通交流，虽无最新统计资料，但这一数据的可信度应该更高。

个国家使用推特(Twitter)作为社交媒体工具,6个国家使用脸书(Facebook)作为社交媒体工具,13个国家使用YouTube作为社交媒体工具,可见Facebook,Twitter,YouTube是国外税务管理部门应用最广的社交媒体形式。这些国家通常通过Facebook宣传税务部门的电子税务产品,并提供纳税服务;通过Twitter培训纳税人,提供最新的政策;通过YouTube进行税务宣传,提供税收常识和建议等。

表2-1 2011年前OECD国家税务管理部门使用社交媒体技术情况

单位:个

	纳税人交流论坛	内部交流论坛	Twitter	Facebook	YouTube	在线研讨会(Webinars)
国家数目	17	13	13	6	13	3

资料来源:根据OECD数据,作者整理

2. 合作实现遵从管理

合作实现遵从管理这一发展趋势,在2008年被科奇勒等人(kirchler et al,2008)使用所谓S-S模型(Slippery Slope Model,遵从坡面模型)加以概括,该模型发展了经典的A-S税收遵从理论(Allinham & Sandmo,1972)。比A-S模型假设执法权力是税务管理的唯一机制更进一步的是,S-S模型假设税收遵从受税务机关的信任度和执法权力两方面的影响。科奇勒等人的研究表明:当对税务机关的信任度提高时,纳税人将会遵守税收法律而不会致力于如何实现个人利益最大化。在一个信任度较高的环境里,税收遵从具有自愿合作的特征。

S-S模型还提出税务机关的信任度和权力可以相互替代。因此,税务机关与纳税人之间应当建立合作型、信任型的伙伴关系,帮助纳税人实现“合作型遵从”。在征纳双方的合作下,纳税人能最大限度地自愿在正确的时间缴纳正确数额的税款。运用合作实现遵从管理已经成为大多数国家税务管理部门的共识。

“互联网+”是涉税各方互动沟通和合作实现遵从等现代税务管

理特征的最佳外在载体，主要技术特征是大物移云。通过这些技术的运用，可以将涉税各方整合在一起，以形成互动沟通、自愿遵从的最佳税收管理环境。而所谓的“互联网+”的内在精神实质则是更深层次的互相理解、共同合作等理念和精神，这些理念和精神是形成包括税务管理部门在内的涉税各方相互信任、推进遵从的内部机制的关键。因此我们说，“互联网+”从外部技术形式到内在精神实质，都反映和符合了税务管理的现代化趋势。

总之，通过分析，本文认为“互联网+税务”的提出符合以上归纳的三大趋势，是税务领域的最佳行业实践，历史发展规律，税务管理内在趋势的空间、时间等多维度的叠加，符合税务管理现代化建设的必然趋势。

参考文献

[1] Centre for Tax Policy and Administration，Social Media Technologies in Tax Administration. Paris：OECD，2011.

[2] KIRCHLER E，HOELZL E，WAHL I. Enforced versus voluntary tax compliance：The“slippery slope”framework. Journal of Economic Psychology，2008，29(2)：210-225.

[3] ALLINGHAM M，SANDMO A. Income tax evasioin：a theoretical analysis. Journal of Public Economics，1972，1(3)：323-338.

[4] 马化腾．关于以“互联网+”为驱动，推进我国经济社会创新发展的建议．中国科技产业，2016(3)：38-39.

[5] 蓝志勇，陈国权．当代西方公共管理前沿理论述评．公共管理学报，2007(3)：1-12，121.

[6] 谢波峰．“互联网+”时代的税收风险管理．中国税务，2015(8)：34-35.

[7] 于扬．所有传统和服务应该被互联网改变[EB/OL]．(2012-12-14). http：//tech. qq. com/a/20121114/000080. htm.

[8] 谭荣华．从诺兰模型和米歇模型看我国税务信息化的发展阶段．国际税收，2003(2)：7-8.

【波波教授】

03话　　导道

坡面遵从机制

上回说到税务局不管三七二十一，只要税，其实也有点黑我大税局。税务管理针对广大纳税人，一般都是“管理+服务”的策略，也就是俗称的“胡萝卜+大棒”。

这个策略从理论上来看是基本正确的，然而税收的世界没有这么黑白分明，世界各国都存在着税收政策和管理的模糊区域。

这一税务管理的困境来源于税收政策的能力限制和税务管理资源约束——

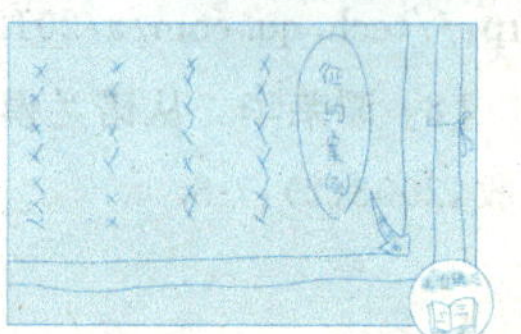

从能力来看，税收政策大部分只能是对过去经验和规则的描述，而且在中国只能是抽象的。

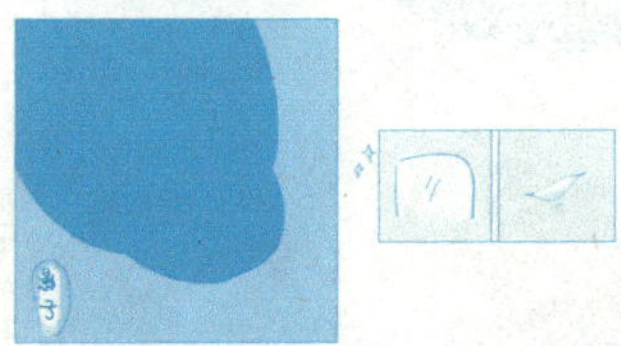

税务管理的资源约束意味着税务管理中只能有一定的资源，要衡量有效的税务管理投入产出比。现在已经废弃的对自行车征收的车船使用税就是最好的一个例子。

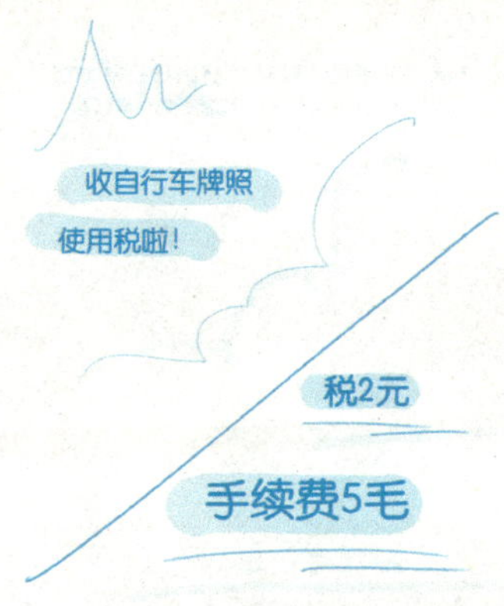

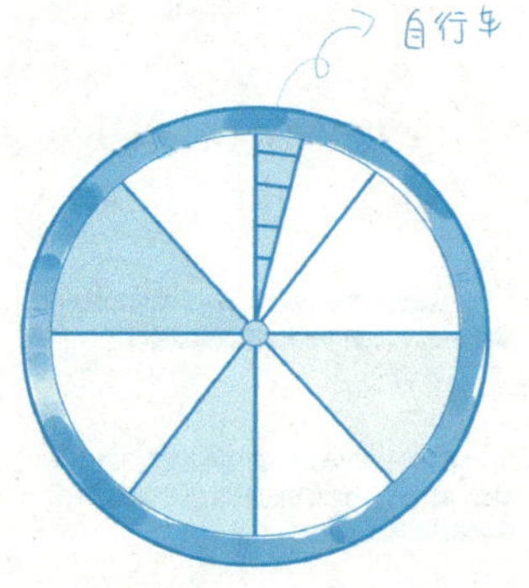

自行车车船使用税占国家全年税收收入不到征收当年的

千分之一

对这一税务管理困境，研究者们总结了遵从坡面模型，来代替反映“胡萝卜＋大棒”的所谓A-S模型。

遵从坡面模型告诉我们，增加涉税各方的合作，增强信任，可以更高效率地提高遵从度。

“互联网+”给实现这一遵从模型提供了绝佳的契机。互联网+的技术特征是多方互动沟通和合作实现遵从的最佳外在载体。

通过“大数据、互联网、云计算、移动网络”将多方整合在一起以形成互动沟通、自愿遵从的最佳环境，所谓的“互联网+”的互相理解、共同合作等更深层次的理念和精神则是形成相互信任、推进遵从的内部机制。

因此“互联网+”再也不是各界各自为战，各说各话，

而是我们目前能够寻找到的到达税收理想国的

和谐之道。

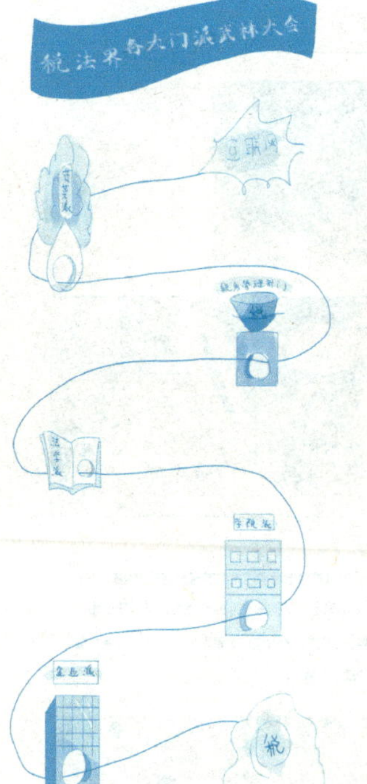

创意&文字：谢波峰
绘图：王玲燕
剪辑：罗梦宇

当然所谓的“自我警察机制”的增值税链条是一种强制性的合作机制，而自愿性更高的合作机制则表现在税收政策的征求意见上，尽管这种征求机制还有些缺点有待改进。

实际上合作型税收遵从的理念已经被大面积接受，这种现象反应了税收（风险）管理的“生态链”。纳税人、税务部门、税务中介、其他第三方是这一生态链的有机组成部分。

这种互相联结的生态链条，是社会集体的共同需要，激励机制是与私人产品不同的。这种生态和机制的存在会对不同领域的税收遵从造成不同的影响。

这种合作型遵从生态链接从信息的角度来看，至少具有透明、可信、多元等主要特征，缺少了这些特征，税务管理中就会出现一些问题。

创意&文字：谢波峰

绘图：王玲燕

剪辑：罗梦宇

第3讲

互联网顶层设计刍议①

本讲基于“互联网＋税务”顶层设计的目的和需要，从重点考虑的“四大因素”、顶层设计的“四大重点”、需要把握的“三大关系”、设计强调的“三大要点”等四个方面，讨论了进行顶层设计需要关注的若干问题。以上提出的顶层设计存在很多不足，期待在各方力量的共同努力下，尽快出台更加完美的设计，这样才能为“互联网＋税务”各个层次具体项目和制度的涌现提供基础，才能够汇聚众力，形成推动税务管理现代化发展的同心力，最终实现税务管理现代化蓝图的绘制。

2015年3月5日上午的十二届全国人民代表大会第三次会议上，李克强总理在政府工作报告中首次提出“互联网＋”行动计划。2015年9月，国家税务总局以“互联网＋”为主题，召开了司局长学习研讨会。国家税务总局局长王军再次指出，必须“拥抱”互联网，税务管理现代化才能实现。当前，我国各省市对“互联网＋税务”的学习和实践正在深入开展当中，“互联网＋税务”的顶层设计作为这一过程中的核心关键，深为人们所重视。本文试图对“互联网＋税务”的顶层设计进行若干思考，以期抛砖引玉。

“互联网＋税务”因其“大数据、云计算、物联网、移动互联网”等

① 我国互联网税收政策与管理的顶层设计已初见雏形，包括《深化国税、地税征管体制改革方案》《“互联网＋税务”行动计划》《关于进一步深化税务系统“放管服”改革 优化税收环境的若干意见》等重要文件。

技术属性的内在属性,使其不仅具有从下至上多层次的、广泛的参与性,而且具有因网络效应产生的指数级的累加性,因此顶层规则的设计显得尤其重要。对于非公共领域而言,“互联网+”旨在激发“大众创业、万众创新”的积极性,顶层设计或许没有这么重要,但对于包括税务管理在内的公共管理部门,则是首先必须考虑的一个问题。一方面,如果缺少顶层设计,各层级的自发行动会引起公共资金的浪费;另一方面,由于“互联网+”选择的多样性,如果在部门内部有着众多的实施方案和技术路线,“互联网+”的叠加效应不仅可能不会产生,而且会引起信息泛滥、路线迷失等现象,最终影响“互联网+”实施的效果。因此,对于既有“互联网+”的共同属性,又有公共管理的特殊属性的“互联网+税务”领域而言,其顶层设计必须事先考虑,并应以消除各层次方向性不明的迷茫、误解为目的。进行顶层设计过程当中,需要考虑以下因素。

一、重点考虑的因素

第一,要重视现实的税务管理国情。我国现行的税务管理制度是经过长期的演变形成的,具有一定的制度成本。鉴于“互联网+”网络路径具有多样性,且业务和技术深度融合,现阶段对于税务管理的技术路线选择比以往任何一个时代都更加丰富。在某些领域,多样化的技术选择是一件好事,例如多元化申报和纳税服务渠道;而在某些领域,由于制度的长期依赖,轻易改变技术路线选择,带来的不仅仅是技术方案的改变,还有相应的管理制度、管理资源等配套因素的改变;在这些选择面前,我们需要反复考虑中国现实的税务管理国情,慎重选择技术路线。当前,“互联网+”面临的最大税务管理现实就是基于金税三期和发票管理等核心要素形成的管理体系,要在这一基础之上,充分吸收“互联网+”优势,进行完善式创新,而并非处处进行颠覆式改变。

第二，要结合国内外税务管理的发展趋势。从税务管理的国际趋势来看，多方开放互动、合作实现遵从、信息公开透明等主要特征是现代税务管理的共同特点。多方开放互动要求涉税各方互相开放涉税信息平台，减少税务管理中的信息不对称现象。合作实现遵从是税务管理遵从理论研究的最新总结，要求包括税务部门、纳税人、中介、其他各方等多方积极参与到税收遵从实现过程当中，是对以往仅税务管理实现遵从的单一路径的反思。信息公开透明则是政府治理领域的共识，是增进相互理解、减少管理摩擦的有效手段之一。从我国政府的发展方向来看，"简政放权、规范创新、注重体验、透明高效"也将会是税务管理的潮流和目标，"互联网＋"的应用应朝着实现这些目标的方向努力，凡是有利于实现这些目标的，都应该尽量鼓励支持。

第三，要基于中国税务管理的现实问题导向。中国税务管理存在的各种问题，从某种角度来看，可以统一概括地认为是税务管理的信任度、透明度引发的。从信任度方面来看，包括纳税人对税务管理部门的信任度、税务基层管理部门对税务高层管理的信任度；从透明度来看，包括政府部门对税务管理部门的透明度、税务管理部门对纳税人的透明度、企业（尤其是大企业）对税务管理部门的透明度。"互联网＋"时代不仅提供了一个很好的平台，而且为解决这些更深层次的问题提供了绝佳机遇。

第四，要依靠中国税务管理现有的基础资源。在"互联网＋"时代，税务管理问题的解决一方面需要智慧和经验的不断积累，另一方面仍然脱离不了税务管理人力资源的积累。智慧和经验的积累在"互联网＋"时代要体现在数据和信息资源方面，并通过人力资源的积累转化为现实的生产力。所谓"互联网＋"，本身就蕴含了这个层面的加法。眼前急需解决的是：在"互联网＋"的冲击下，税务管理智力资源的流失和累加问题，可以尝试通过"互联网＋"提高税务管理的知识含量，降低税务管理的简单劳动强度。

以上所考虑的因素涉及顶层设计的目的、方向和基础，以及解决问题所依靠的力量，是绘制“互联网＋”税务蓝图首先必须考虑的因素，综合其他方面的情况，大致应该从以下几方面来进行顶层设计。

二、顶层设计的要点

第一，“互联网＋税务”管理的蓝图，应该是自动化征管流程基础上的管理优化。在税务管理各领域规范建立和完善的基础之上，通过对遵从管理核心的税务管理功能的优化，保留税务管理的核心功能，统一各环节的业务标准和技术接口，将非核心功能向外延伸，考虑税务部门外部力量的加入，实现“互联网＋”环境中的自动化纳税申报、税款缴纳等涉税流程运转的同时，提高税务管理核心竞争力。

第二，进一步设计好总局、省局、基层等不同层次的纵向功能。总局重点解决基础性重叠功能平台的设计和建设，省局重点解决功能平台中地方性特色功能的增加，而基层则是整个税务管理体系的入口和出口，要在简化入口和出口形式的基础上，强化不同入口和出口的统一协调。同时，在规范征纳流程的基础之上，要设计好“税务管理互联网”体系的“路由”，明晰从纳税人、税务管理部门、其他各个起点开始的各项服务和管理的诉求和应答路线的建立，完善“互联网＋”平台的管理和服务映射路径。

第三，绘制好中国税务管理的大数据模型，收集整理各部门涉税宏观和微观数据，规划设计覆盖各种税种、各种涉税业务的税收数据模型，针对不同行业、不同规模的纳税人，采取不同方式，绘制行业化、个性化的数据模型，形成“互联网＋”时代宏观整体、行业、企业的数字影像。

第四，优化人力资源的配置。针对“互联网＋”平台，提供更合理的人力资源配置方案，充分发挥“互联网＋”的特色，在考虑人力资源的地域属性的同时，构建虚拟化的矩阵式专业化团队，形成各专业人才互补的整体优势。

三、需要把握的“三大关系”

从“互联网＋税务”的目标所涉及的方面来看，关于顶层设计，有三大关系必须处理好。

一是与金税三期的关系。我们必须总结金税三期的经验教训，在进行顶层设计时充分、全面考虑“互联网＋税务”与金税三期的协调推进，不仅仅要考虑技术上的问题，更要特别注意研究方向性的、根本性的问题，避免与“互联网＋”的战略方向南辕北辙。

二是与税收征管规范的关系。推行“互联网＋税务”，运用互联网思维，必定涉及税务征管规范的流程再造、业务重组，如纳税服务要以用户为导向，以方便纳税人上网或移动办税，需要调整一系列征管业务流程。“互联网＋”的迭代式模式与标准化的规范管理有许多需要衔接的地方，需要进行深度融合。从这个角度来看，征管规范、纳税服务规范等标准化工作是“互联网＋税务”的起点。

三是与税源、税制和税法的关系。大数据和互联网对社会经济运行的影响深远，并直接通过税源、税收制度反映到税收工作当中。尤其是电子商务深入发展之后，各个税种之间的信息联系更为紧密，互动程度更高，必须密切关注这些方面的发展对税制、税法带来的影响，如直接税与间接税、国内税与国外税、法人税与个人税、中央税与地方税之间的变化，避免引起税源的重大变化而不能及时感知；提早关注可能会对税制产生影响的因素，如税法潜在的修订需求等。

这三大关系是“互联网＋税务”的基础、起点和外部约束，进行“互联网＋税务”的顶层设计，如果不处理好这三个关系，蓝图的规划就像透过泛着旖旎光彩的肥皂泡向另外一面看，一切都自带美肤效果，无比绚丽多彩。一旦涉及这些关系的矛盾，一切就成了镜花水月，一触即破。

四、设计强调的“三大重点”

1. 开放式链接和数据共享

以金税三期为基础的大数据平台建设，使得税收数据与相关部门的数据可以进行共享和交换。数据要链接才会产生价值，数据要对碰才会产生效益，各部门之间的数据要共享才能实现“用数据说话、用数据决策、用数据管理、用数据创新”，解决“信息孤岛”的问题。

要研究以“电子发票”为核心的信息流动规律和特征，打造“互联网＋税务”时代的管理抓手，要通过纳税人、税务管理部门和第三方之间互联互通，形成信息完整循环，最大限度地削减税务管理中的信息不对称。

探究“互联网＋税务”政府和市场的边界，在保留核心税务管理功能的前提下，研究接口的开放和标准的制定，在制定相应管理制度的基础上，为社会税收服务提供空间。

在规范流程和开放链接的基础之上，对原有各系统进行深层整合，打通涉及税务征管主程序的相关横向系统，构建高效运行的自动化征管流程，减少重复操作，提高效率。

2. 快捷化处理和人性化服务

建设“互联网＋税务”的目的是为纳税人服务，探索面向纳税人服务平台和面向税收服务平台的建设，要以面向税务管理平台为依托，考虑纳税人的需求和税收服务机构的需求，进行梳理归纳，简化的同时进行优化，换位思考，为纳税人和税收服务机构提供更好的税务服务用户体验和移动平台。

“互联网＋税务”既要为纳税人服务，对内也要为税务干部服务，充分利用“互联网＋”的网络效应，减少重复性工作，提供共性工作的集约化支持，减轻税务干部的负担和工作负荷，在从严要求的同时实行柔性化管理。

3. 智能化延伸与大数据分析

以现有的省级平台为基础，完善并逐步实现全国统一的国税、地税集中平台，支持总局、省、地市各层次纵向的核心管理功能，形成以该平台为核心的税务系统内外部大数据平台的互联互通。

探索税务大数据平台的建设和应用，深入研究税务大数据的分析和应用，通过若干个典型的大数据应用，挖掘日益积累的大数据金矿，并考虑建设为社会公众所理解和支持的、能够为税收深化改革提供数据和信息的公开平台。

将业务流程的应用和管理决策层面的应用合理分开，业务应用加强可扩展性，管理决策层面注重可积累性，"互联网＋税务"不是一劳永逸，要把握发展趋势、增强前瞻意识。

综合来看，我们对"互联网＋税务"顶层设计的想法应该是：基于金税三期和现有的中国税务管理成功经验，在管理流程规范和管理功能深化的基础之上，构建相应的制度和基础，勾勒必要的重点和要点，以有利于建设以"简政放权、规范创新、注重体验、透明高效"等主要特征为代表的税务管理新常态、新模式，以及与之相匹配的新平台。这一平台既是针对自愿遵从的纳税人的具有最佳纳税体验的、自动化程度尽可能高的服务平台，也是针对不遵从的纳税人的具有强大支撑能力的管理平台，更是实现面向大数据的"制数力"、面向纳税人"置信力"和面向百万税务人"聚合力"的现代税务管理核心能力的平台。

参考文献

[1] 谢波峰．刍议"互联网＋税务"顶层设计的若干重要问题．第三十一次海峡两岸税收学术交流会论文，2016-11-15.

[2] 袁红兵，谢波峰．"互联网＋税务"蓝图的畅想．中国税务，2016(3)：77-78.

[3] 谭荣华,徐夫田,谢波峰．我国税务信息化建设的七大重点．国际税收,2002(10):26-30.

[4] 国务院．深化国税、地税征管体制改革方案.2015-12-24.

[5] 国家税务总局．关于进一步深化税务系统“放管服”改革优化税收环境的若干意见(税总发〔2017〕101号).2017-9-14.

[6] 国家税务总局．关于印发《“互联网＋税务”行动计划》的通知(税总发〔2015〕113号).2015-09-28.

【波波教授】

05话

释道之一

“互联网+税收”顶层设计

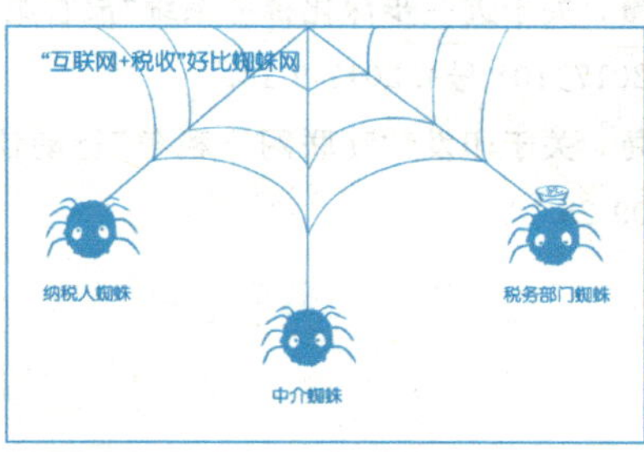

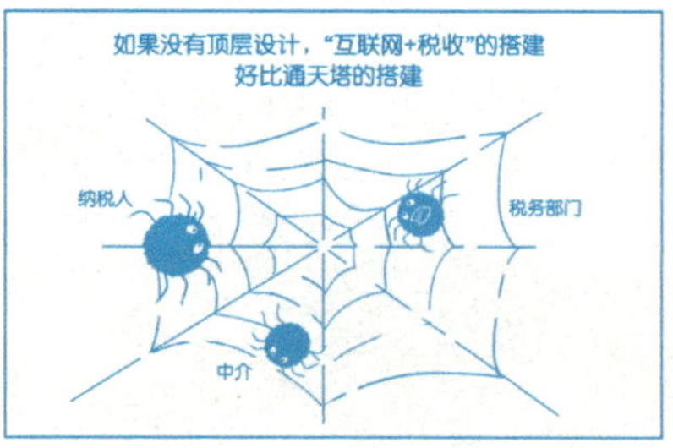

“互联网+税务”建设必须基于中国的国情，继续刚才的比喻，“网”在现实基础上继续搭和在“山洞口”搭或者“树枝上”搭是不一样的。

中国“互联网+税务”的现实基础是经过几十多年演变形成的制度和技术基础。最大的国情之一或许是要基于金税三期和发票管理系统。

要结合发展趋势。如果说“织网”也要谋求“花式”或“样式”，那么这种 “花式”就是国际税务管理的多方开放互动，合作实现遵从信息公开透明等特征和趋势。

要基于问题导向，“织网是要捕捉食物的”，“互联网+税收”最大的目标，从信息维度来看，是要解决信任度和透明度的问题。

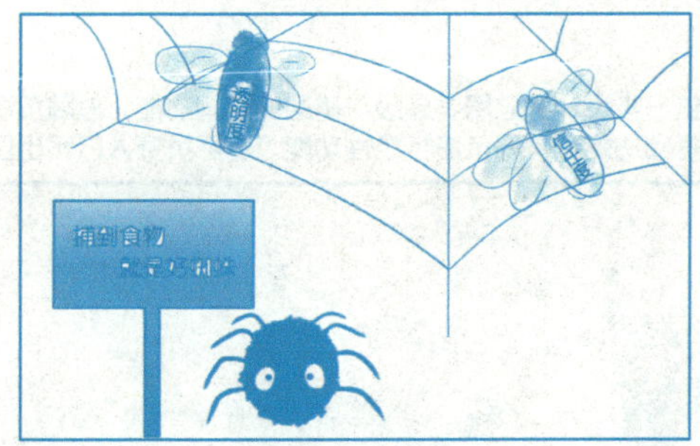

要依赖现有的资源——现有的智慧和经验的积累。现有税务管理人员好比蛛群的数量，智慧和经验好比蜘蛛肚里的丝线。

因此，要提出并建设现已基本形成的自动化征管流程基础上的“互联网+税务管理”蓝图。

进一步设计好总局、省级、基层的不同功能，总局负责通用性基础功能，省局负责特色性功能，基层负责入口和出口。

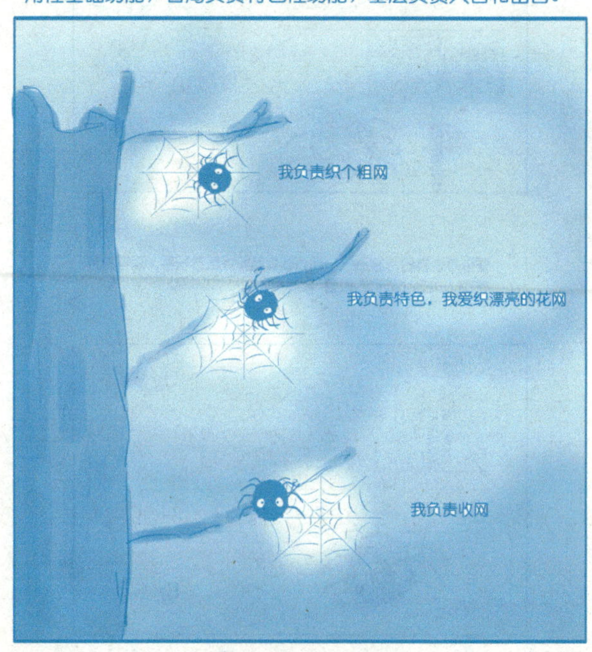

还要设计好大数据模型，这是整个“互联网+税务”的核心。

织网时要心中有数，用网时就能知道某根丝线动了代表着什么情况。

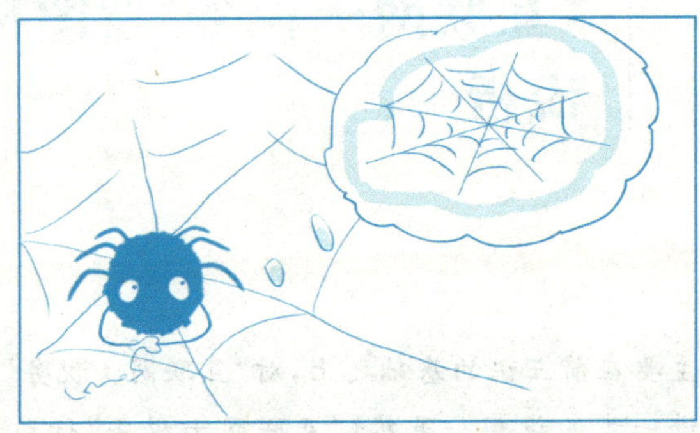

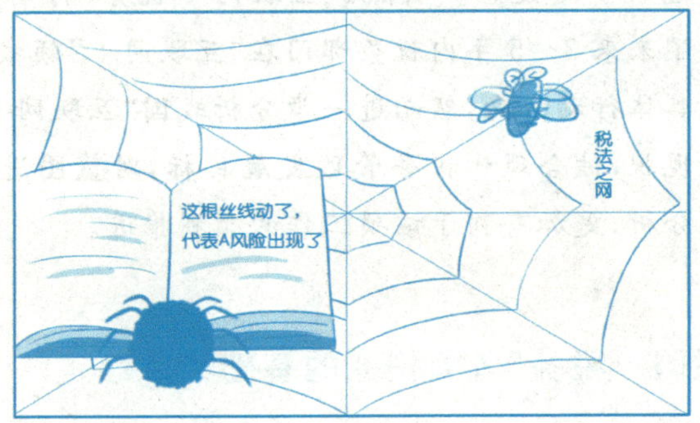

发挥“互联网+”的特色，优化人力资源的配置，优化机构纵向、横向设置，想织好网还得给“蜘蛛”吃好，得用好、培养好“蜘蛛”。

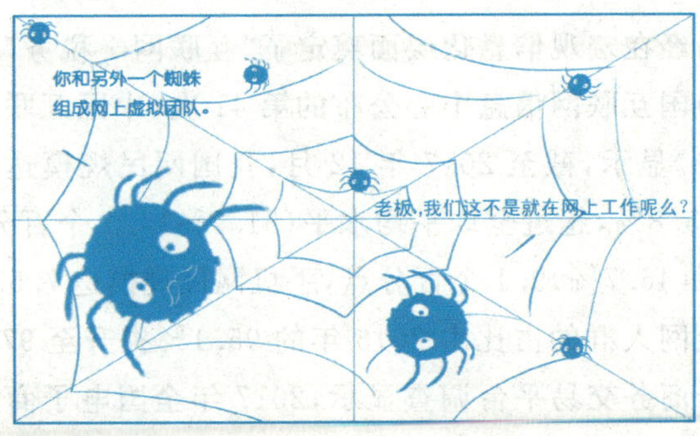

创意&文字：谢波峰　　绘图：王玲燕　　剪辑：罗梦宇

第4讲 “互联网＋税务”蓝图构建浅析

本讲主要在前三讲的基础之上，对“互联网＋税务”蓝图的构建进行更进一步的设想。虽然《“互联网＋税务”行动计划》[①]已经勾勒出了未来3～5年内税务部门在“互联网＋”领域的行动目标和重点具体行动方向，然而进一步分析我国“互联网＋税务”行动的基础现状，结合现代税务管理发展目标，对蓝图进行更为紧密的逻辑分析，更加有利于该项工作的顺利推进。

一、“互联网＋税务”蓝图构建的基础和目标

（一）“互联网＋税务”的信息技术基础：基本具备面向遵从纳税人的自动化征收环境

我国已经在宏观信息化层面奠定了“互联网＋税务”的良好的外部环境。中国互联网信息中心公布的第41次《中国互联网络发展状况统计报告》显示，截至2017年12月，我国网民规模达7.72亿，普及率达到55.8%，超过全球平均水平（51.7%）4.1个百分点，超过亚洲平均水平（46.7%）9.1个百分点，手机网民规模达7.53亿，网民中使用手机上网人群的占比由2016年的95.1%提升至97.5%。国家统计局电子商务交易平台调查显示，2017年全国电子商务交易额达

① 详见第二讲。

29.16 万亿，另据商务部统计[1]，2017 年我国电子商务保持持续快速增长的势头，网上零售额达到 7.18 万亿元，位居世界第一。其中实物商品的网上零售额达到 5.48 亿元，增长 28%，占社会消费品零售总额的比重为 15%，比 2016 年提升 2.4 个百分点。对社会消费品零售总额增长的贡献率为 37.9%，比 2016 年提升 7.6 个百分点。

与这一外部宏观信息化良好格局相适应，税务管理运行也已基本形成了较为完善的税务管理信息平台，我们可以选取几个典型的侧面来做一个扫描[2]。

从纳税人一端来看。首先是网站建设方面，从能够获得的最新统计数据来看，截止到 2011 年年底，省级税务网站中 80%以上具有纳税申报、缴纳税款、政策咨询等基本功能；其次是申报缴税方面[3]，根据国家税务总局测算，"十二五"末网上申报缴税在全国范围内基本实现全面覆盖。另外在缴纳税款方面，据统计，早在 2009 年前后，在财政、税务、国库、银行多部门横向联网系统建设基本完成之后，我国大部分地区通过该系统已实现电子缴税，且缴费额高达应收税款的 80%左右。

从税务部门一端来看。2016 年 10 月前后，在金税一期、二期建设的基础上，金税三期工程完成建设[4]，成为全国统一版本的税务管理信息系统平台。该系统平台每年涉税事务处理量预计超过 100 亿笔，覆盖税务机关内部用户超过 80 万，为过亿纳税人提供纳税服务，其应用内容基本覆盖所有税种，覆盖税收工作的主要工作环节，覆盖

① 该数据引自商务部网站。

② 由于该领域发展迅速，缺少相关统计数据，笔者尽量获取了最新的相关数据，由于近几年的建设都属于功能增强型，因此反映数量的这些数据应该具有一定的代表性和稳定性。

③ 该数据引自 2013 年 6 月，国家税务总局王军局长与纳税人的座谈会的报道。

④ 2013 年 2 月 22 日，金税三期工程核心征管、决策支持 1 包等系统在重庆市国税局、地税局系统率先试点单轨上线运行，然后分批在全国各省市推广，并计划于 2016 年完成全部推广。

各级国地税机关。

从征纳两方面的情况来看，目前我国已经基本上构建了面向遵从纳税人的自动化征收环境，即对于能够做到遵从的纳税人而言，完全可以通过“互联网＋”履行纳税义务，而无须人工干预。

（二）“互联网＋税务”的税收管理目标之一：形成现代税务管理核心能力

我国税务管理在1997年开始推行“30字”征管模式，而后经过了“34字”的完善，在完成深化征管模式的探索之后，于2012年7月召开的全国税务系统深化税收征管改革工作会议中正式提出“构建以明晰征纳双方权利和义务为前提，以风险管理为导向，以专业化管理为基础，以重点税源管理为着力点，以信息化为支撑的现代化税收征管体系”。在此基础之上，十八届三中全会后，以中共中央办公厅、国务院办公厅印发《深化国税、地税征管体制改革方案》为标志，支持现代国家治理的目标对深化税收征管体制改革提出了更高的要求（王军，2016a）。面向构建税务管理现代化的“完备规范的税法体系、成熟定型的税制体系、优质便捷的服务体系、科学严密的征管体系、稳固强大的信息体系、高效清廉的组织体系”等六大体系（王军，2016b）等多重目标，“互联网＋税务”行动计划通过运用大物移云等现代信息技术，提供信息沟通完善、政策效应分析、数据收集利用、公平透明监督等各方面的手段和方法，提供了绝佳的实现契机。六大体系的实现涉及战略规划、管理战略、实践运作等多个层面，需要运用“互联网＋”进行统一整合，将六大体系进一步融合形成“法制—管理—信息平台”三个操作性更强的体系，即各个税种互相叠加的完善税制体系，管理战略、制度创新、组织机构优化衔接的有效管理体系，税收大信息平台无缝合拢的强大信息支撑平台，进而形成面向大数据的制数力、面向纳税人的置信力、面向税务管理人员的凝聚力（袁红兵、谢波峰，2016）等现代税收管理的核心能力，如图4-1所示。

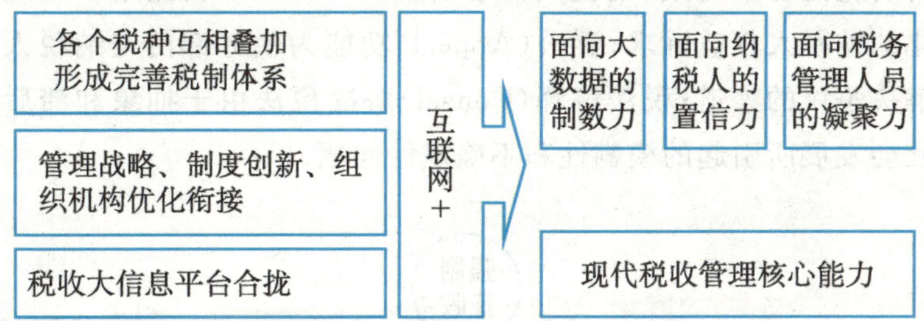

图 4-1 “互联网+”支持下形成现代税务管理核心能力

(三)“互联网 + 税务”的管理目标之二:现代税务管理模式

传统税收管理模式的要素包括税收管理实体、管理对象、管理信息、管理工具等。管理实体主要是模式所适用和代表的税务管理部门,管理对象指所管理的税收政策或者征收诉求,管理信息是用于判断纳税人是否遵从的主要依据,管理工具是指促进纳税人遵从的手段和做法。

对比传统税收管理模式,“互联网+税务”针对税收管理的实体、核心信息、所管理的税收业务等主要要素都进行了改革。

我国已经建立了与信息化宏观发展的良好格局相适应的、支持税务管理自动化运作的大信息平台,对于能够做到遵从的纳税人而言,自动化的征管具有了一定的基础。基于自动化的税收征管平台,需要进一步优化税务管理的核心功能,形成如图 4-2 所示的基于税收风险分析的包含强制征收、诉求响应、诉讼解决、税法解释在内的税务管理功能模式。

这一模式的重点不再是基础管理功能,而是要形成基于自动化征管流程的核心管理功能:以风险为导向,更具体地说是以风险分析(Risk Analysis)为中心形成的强制征收(Collection)。强制征收功能类似于现在的欠款催收,因为正常的遵从纳税人从申报到缴款,已经在自动化流程中完成；纳税人诉求响应（Advocate）功能用以处理个性化的纳税人权益诉求；诉讼（Appeal）功能为税务部门与纳税人提供解决争议的渠道；税法解释（Consel）解决税法由于抽象和滞后经济社会发展所引起的模糊性和不确定性问题。

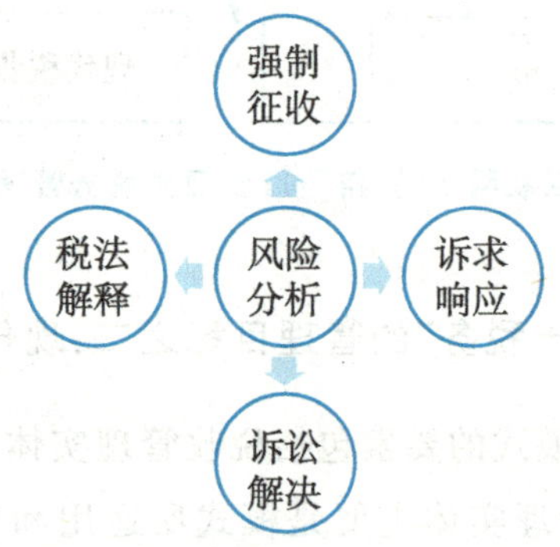

图 4-2 “互联网＋税务”的现代税务管理模式

二、“互联网＋税务”建设蓝图概览

基于基本状况和税务管理现代化的建设目标取向，通过“互联网＋”，在不断完善税务管理一端的管理平台方面，我国各地税务管理部门做出了许多探索和创新。但是从前述分析来看，“互联网＋”建设仅停留在税务管理一端显然是不够的，还需要考虑“互联网＋”税务管理平台的外延，即除税务管理部门之外，还有谁能帮助进行税务管理？还需要哪些功能和模块？通过外延，将“互联网＋税务”的建设蓝图定位于税务管理大平台的建设。

“互联网＋税务”大平台的建设需要重新审视当前正在转换形成的社会经济运行新形态，从税务内部向社会扩展，考虑构建崭新的税务管理信息生态链，优化和重构税务管理平台的组成。“互联网＋税务”的蓝图实现过程中，需要加入一系列的合作者。从信息流来看，有离纳税人信息更近的涉税信息提供者，或者是信息加工能力更强的专业数据分析加工者；从运作模型角度来看，除了信息流涉及的各方之外，还有资金流和物流涉及的参与和提供者。通过吸纳多方合作者，构建包括纳税人信息提供、分析加工、风险处理、沟通协调、反馈改进等多种功能的税务管理平台，这个建设阶段或许就是诺兰模型①提到过的全社会信息整合阶段。这一阶段不仅是信息化发展理论所指出的目标和做法，也可以从近些年来国内外公共管理部门、企业的公私合作伙伴关系（PPP）理论和实践中（贾康、孙洁，2009）得到一定的支持和验证。

或者应该更明确地指出，“互联网＋税务”的建设蓝图应该是通过“互联网＋”，在税务部门已经形成的税务管理“半环”的基础之上，促进中介、企业税务管理“半环”的形成和完善，找到合适的载体作为“黏合剂”，形成面向税收管理的完整闭合内环，并进一步紧密联系相关各方，推动面向政府和社会管理的税收管理外环的建设，形成全社会广义税务管理②外环，成为政府管理和社会管理的有机组成，如图4-3所示，进而支撑面向国家现代化治理的“互联网＋税收”管理基础和生态。

进一步来看，税务部门由于与纳税人广泛接触，因此代表着政府公共服务的形象，“互联网＋税务”既反映了“互联网＋”背景下国家治理现代化的主要需求，也集中体现了国家治理现代化的主要特征。因此，“互联网＋税务”蓝图是现代国家治理蓝图的重要有机组成部分，是治理全局在税务管理局部领域的缩影，是国家治理现代化抽象概念在税务部门的具体实现，是“互联网＋国家治理”一般规律在税务领域的特殊化，把握这一深远的意义，将更有利于深入理解和加速

① 著名的信息化发展模型“诺兰模型”（谭荣华，2005）指出，在系统内集成阶段之后，将进入全社会集成阶段。

② 根据国外税务管理的经验，广义的税务管理包括企业登记、资产评估、社会福利、养老保障、人口登记、经济统计等非税务功能的政府管理和社会管理功能。

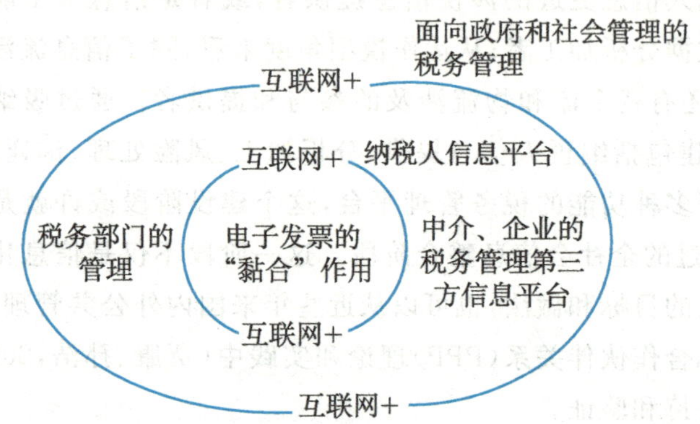

图 4-3 “互联网+税务”蓝图概览:基于“互联网+”的税务管理内外环

实现“互联网+税务”蓝图。

三、“互联网+税务”的建设重点

(一) 电子发票的建设

电子发票是网络发票[①]的深入发展阶段,如果说当今互联网的发展是从2.0版本阶段进入3.0版本阶段,网络发票是互联网2.0阶段的税务管理载体,那么电子发票就是网络发票在互联网3.0阶段的升级版本。其实,与网络发票仅仅是网络开“发票”相比较,电子发票才是真正电子形态的发票,是对传统纸质发票的扬弃。推行真正意义的电子发票既可以进一步降低征纳双方在发票管理中的成本,又可以促进“互联网+税务”战略目标的形成。

我国电子发票运营模式的方向是“税控+平台”。国家税务总局

① 2013年4月1日,国家税务总局发布的《网络发票管理办法》开始实施,该办法中提到的网络发票是指:符合国家税务总局统一标准并通过国家税务总局及省、自治区、直辖市国家税务局、地方税务局公布的网络发票管理系统开具的发票。

自2015年8月1日起率先在北京、上海、深圳和浙江等地开始通过增值税发票系统升级版开具增值税普通发票电子发票，并于2016年12月1日起，在全国范围推行。所谓“税控+平台”模式，即国家税务总局在增值税发票系统升级版的基础上，开发了增值税普通发票电子发票税控系统，同时制订了与各地已推行的电子发票平台系统衔接的改造方案，以此作为电子发票运营的主要模式。该方案的主导者是税务管理部门，通过该模式，税务管理部门把控了电子发票生命周期的起点和终点，是对我国税务管理成功经验的总结，无疑是值得肯定的。

当前，需要在明确主要方向的前提下，充分利用“互联网+”的特点，基于发票的购销凭证、记账依据等基本功能，发挥电子发票的“黏合剂”作用，将“互联网+”税务管理体系做成一个多方参与的开放体系。通过发票信息的畅通交换和流动，不仅可以方便税务部门的管理，而且也便于纳税人和消费者进行交易，从而将一直以来的所谓的发票“痛点”变成真正的“亮点”，而不是将纸质发票之痛转换成电子发票之痛。

(二)面向纳税人信息平台

其实早在“互联网+”税务战略提出之前，就有人提倡征纳并举地建设税务信息化(谢波峰等，2003)，但一直没有得到足够重视。一方面的原因是税务端信息平台建设尚未完善，另一方面则是认识上仍有一定偏差。随着税务信息化的深入，鉴于纳税人的确存在着信息化建设的刚需，所以纳税人一端的信息平台建设还是在不断地形成，其中既有税务部门提供给纳税人使用的软件，例如发票信息查询平台，也有企业自己和税务事务所等中介机构自行研发的系统，例如曾经的增值税专用发票信息转换系统。这一现象反映出一个不可否认的事实：税务管理信息起于纳税人，并将终于纳税人，这一点决定了面向纳税人的税收信息平台建设的重要地位。从国际趋势来看，纳税人获得相关税收信息的权利也不断受到各国税务部门的重视，并通过互联网新兴技术加以保障。需要认识到纳税人信息平台建设在“互联网＋税务”蓝图构建中的重要性，将纳税人税收信息平台的建设真正提升到征纳并举的地位，统一规划，充分利用现在的各种信息渠道，将各方提供的纳税人信息通过平台进行归类、汇总、加工，在获取更多纳税人信息的同时，丰富发布渠道和展现方式。

（三）第三方税务管理平台

把征纳双方之外的第三方纳入广义税务管理范围，将部分非核心税务管理功能交由第三方承担，是现代税务管理的发展方向（国家税务总局国际税务司，2016）。通过“互联网＋”，向为征纳双方提供服务的第三方开放公开信息接口，制定公共税务信息标准，鼓励和支持建设税务服务信息平台。第三方税务管理平台不仅可以促进第三方为纳税人提供各种涉税服务，在国家“大众创业、万众创新”背景下，也可为税务服务领域的创新提供广阔的平台。第三方税务管理平台的建设有利于形成良性的征纳机制，以提供给税务中介使用的第三方涉税信息查询平台为例，结合国外经验来看，税务中介可以通过该平台查询相关的企业涉税信息，并整合自身掌握的相应企业税务信息，实现更快捷、更精确的税务信息服务，而税务部门通过和这些中介机构的有效合作，可以共同促进更大程度的税收遵从。

四、“互联网＋税务”建设的政策建议

为了实现上文所设想的“互联网＋税务”蓝图以及重点建设任务，本文建议如下。

第一，提升战略定位，更新建设理念。“互联网＋税务”应该定位于税务管理现代化，服务国家治理现代化体系。这一战略定位应该基于中国税务管理国情，联系多方开放互动、合作实现遵从、信息公

开透明等主要税务管理发展的国内外趋势和特征，充分发挥好“互联网＋”具有多方良性博弈互动等方面的技术优势，致力于解决中国税务管理的提升信任度、增加透明度、提高遵从度等主要战略目标，实现自动化征管流程基础上的“互联网＋税务”管理战略蓝图。对于战略目标的实现而言，最难的是更新建设理念。“互联网＋”税务大平台是一个全社会参与的税务管理平台，因此在理念和认识层面上，首先要以大利益观取代小利益观，要有创新和开放的姿态。“互联网＋”税务最终构建的是一个开放的、共享的税务管理平台，其核心依然是依靠人才，因此还要有以人为本的理念，在这个平台上不仅仅需要信息的充分流动，也要有人力资源的自由往来。

第二，完善顶层设计，明确各级分工。已经发布的《“互联网＋税务”行动计划》是绘制这一蓝图的纲领性文件，要在现有的基础之上，进一步完善顶层设计，突出和明确“互联网＋税务”推进的目标、分工、重点等关键因素。要在纳税服务、征管、国地税合作等各领域规范建立和完善的基础之上，借鉴国内外经验，提出“互联网＋”平台上的税务管理功能设计，通过基于税收遵从风险管理核心的税务管理功能优化，强化税务风险管理、纳税人服务诉求、争议解决、税法解释的核心功能，向外延伸非核心功能，提升纳税人的涉税体验。同时，提高税务管理核心竞争力，集中应对复杂税务风险的管理，增加对不遵从纳税人的威慑和打击。要明确“互联网＋税务”中央和地方的管理层级和路线，进一步设计好总局、省局、基层等不同层次的纵向功能。总局重点解决基础性重叠功能平台的设计和建设，省局重点解决平台中地方性特色功能的增加，而基层是整个税务管理体系的入口和出口，要重点解决“方便进出”的问题。要建设“互联网＋”税务的大数据模型，从数据规模、数据种类、数据粒度等多个维度建立税务管理大数据模型体系。要在“互联网＋”平台上，结合“互联网＋”管理工作的重点、纵向和横向管理功能的优化等目标，提供更合理的税务人力资源配置方案。

第三，明确基本技术路线，规范建设标准。要基于现实的税务管理国情，全面考虑现行管理体系及其核心要素的优缺点，发挥现有基本管理框架和技术路线的长处，充分通过互联网加法改进现存的难点、缺点和痛点，统筹技术方案和管理制度的完善和改革，妥善制订完善的创新方案。在明确基本技术路线和规范征纳流程的基础之上，统一税务管理事前、事中、事后等各环节的业务标准和技术接口，在支撑税务管理的“互联网＋”内部体系中，设计好“税务管理互联网”体系的“路由”，明确从纳税人、税务管理部门、其他情况等各个起点开始的各项服务和管理的诉求和应答路线，完善“互联网＋”平台中对应的管理和服务映射路径。在外部平台的建设过程中，明确市场和政府的界限，在非核心、非机密等税务管理领域，支持和鼓励发挥市场的功能，由企业来提供创新涉税服务产品，包括税务管理部门在内的政府监管部门只需提供公开、公平、公正的监督和管理，提供规范的标准和统一的接口即可。

总之，本文认为，“互联网＋”税务战略的提出，不仅是在部门层面响应了国家战略，而且是税务管理现代化内在发展逻辑的需要，其构建需要从现有的技术基础出发，明确战略目标是建设税务管理现代化所需的核心能力，构建以电子发票、纳税人信息平台、第三方信息平台为建设重点的税收管理完整闭合内外环，形成面向国家现代化治理的“互联网＋税收”管理基础和生态。

参考文献

[1] 经济合作与发展组织．税收征管2015：OECD与其他发达及新兴经济体可比信息．国家税务总局国际税务司，译．北京：中国税务出版社，2016.

[2] 贾康，孙洁．公私伙伴关系(PPP)的概念、起源、特征与功能．财政研究，2009(10)：2-10.

[3] 谭荣华．税收信息化教程．2版．北京：中国人民大学出版社，2005.

[4] 王军．深化税收征管体制改革，服务国家治理现代化．中国税务，

2016(1):13-15.

[5] 王军．践行五大发展理念，健全现代税收制度．中国税务报．2016-03-17.

[6] 谢波峰．对目前电子发票争论焦点的思考和建议．中国人民大学国家发展与战略研究院内部资料，2016-4-21.

[7] 谢波峰，唐慧斌．征纳并举的信息化建设思路．税务研究，2003(6)：78-80.

【波波教授】

07话

释道之三

纳税人信息查询平台

让纳税人了解自己的纳税信息，不仅仅是为了方便纳税人缴纳税款，其对于促进纳税自豪感的形成更具重要意义，“互联网+”有助于完成这一任务。

长期以来，纳税信息系统仅仅考虑税务管理部门的使用，甚至于某一时期，增值税发票信息从纸上到计算机，还需要手工嫁接到纳税人的财务系统当中。

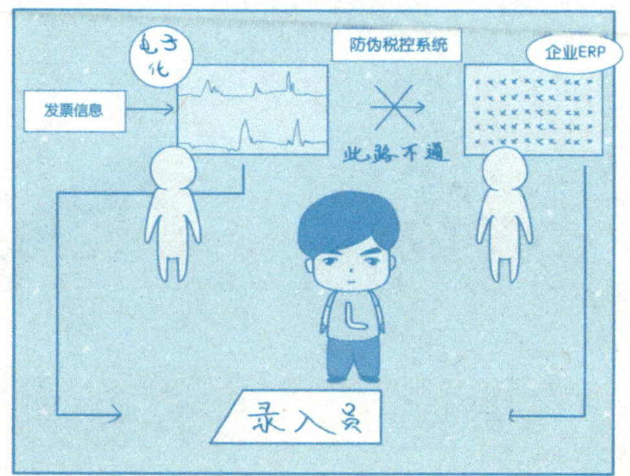

“互联网+”建设的重要任务之一，就是打通从税务局到纳税人一端的另一半信息循环，将已经基本完善的税务管理端半环，完善以至于形成自纳税人到税务局，从税务局又到纳税人的完整循环。

金税三期中的个人所得税管理模块就很好地实现了这一点，纳税人可以很方便地在进行“年收入12万元以上”申报时，看到自己过往一年中的各种收入。

纳税人信息管理平台的重点在纳税人散落在不同税收业务，甚至于不同政府部门的涉税信息的汇集归纳。

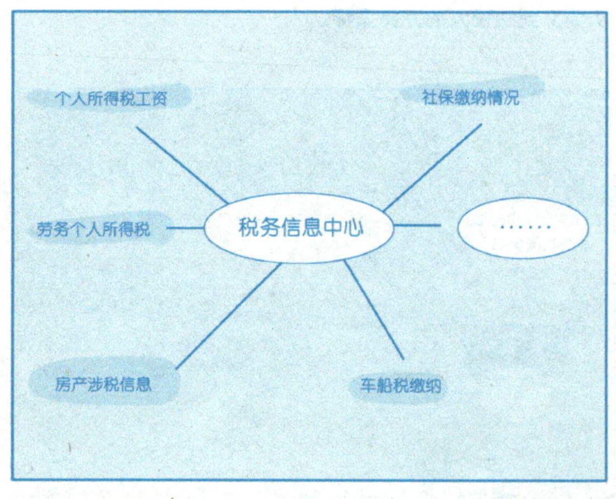

借助“互联网+”理念和平台，方便快捷地推送到纳税人的身边。

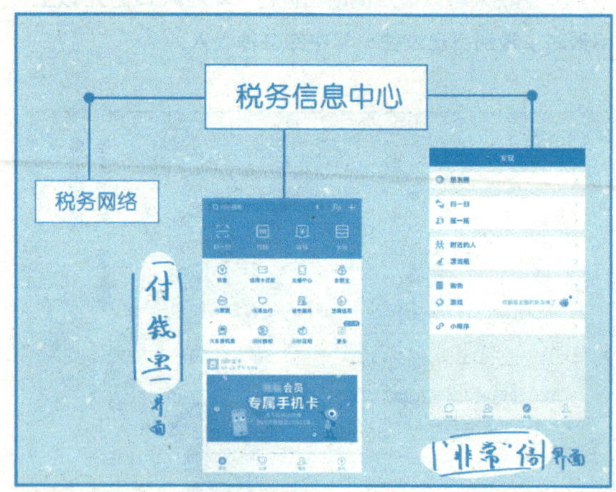

创意 & 文字：谢波峰　　绘图：王玲燕　　剪辑：罗梦宇

第5讲 “互联网+”时代的税收风险管理[①]

本讲在前四讲的基础之上，进一步讨论了具体业务领域的“互联网+”实践和应用。在现代化税收管理的税收风险管理方面，“互联网+”的提出，正好顺应了税收遵从理论的最新发展，并为实施正在国内外兴起的合作型税收风险管理战略提供了良好的机遇。本讲在分析“互联网+”提供契机的基础上，尝试提出相应的税收风险管理策略和建议。

一、基于合作型遵从的风险管理战略

（一）合作型遵从的兴起

税收遵从理论是税收管理的核心理论，它决定着税收风险管理的理念和工具，是税收风险管理的内在逻辑。阿灵汉姆（Allinham）和山德姆（Sandmo）提出的A-S模型在30多年不断完善的基础之上，近些年来国外研究者提出了所谓的“遵从坡面模型”（Slippery Slope Model，S-S模型），S-S模型在A-S模型所描述的强制性遵从路径之外，又刻画了另一条遵从路径——合作型遵从，认为税务机关

① 有观点认为，现代税收管理就是税收风险管理，这或许是从整体宏观的角度来看的。本讲讨论的视角主要是基于税收遵从管理的微观视角。

与纳税人之间,甚至于涉税各方之间,应当建立合作型、信任型的伙伴关系,让纳税人实现最大程度的、自愿的税收遵从。国内外的不少税收风险管理最佳实践都反映了遵从理论的这一最新发展和演变。

“合作型遵从”(Co-operative Compliance)力图重新构建涉税各方之间的关系,除了传统意义上所谓的“征纳双方”,在遵从实现过程中,还包括中介机构、其他利益相关方以及其他纳税人。中介机构包括服务税收征纳过程的直接或间接的中间服务机构。其他利益相关方不仅包括政府其他管理部门,而且包括享受税收作为公共产品收入来源的社会公众、公益组织、社会媒体等。其他纳税人指具体的每一项征纳过程中除了直接缴纳税款的纳税人之外的其他纳税人。要在涉税各利益相关方之间,而不是仅仅在征纳双方之间,构筑促进最大化税收幸福感的遵从机制和环境,以实现遵从成本最小化、遵从成果最大化。该理论认为,遵从是客观的结果,但是相同的遵从结果,其实现的路径,以及其中的相关利益体等要素却可以不尽相同。实际上,无论主观原因上的自愿性遵从和强制性遵从,还是主观感受上的快乐遵从、风险回避遵从、挫折感遵从,都是通过遵从过程中的多方交互影响实现。而合作型遵从强调的是,通过合理的制度和科学的机制,让各方充分参与到税收实现的过程中。

从国内外税收管理的实践经验来看,仅仅考虑征纳双方的遵从模式无论从税收管理资源的投入,还是遵从度不断提高的产出目标,都难以为继。而合作型遵从充分考虑了各种参与主体的作用,是实现税务管理现代化蓝图的可行路径。

为了更加全面地了解纳税人的税收遵从行为,经济学家 Erich Kirchler 等于 2008 年提出了“滑坡”(Slippery Slope)模型,试图将以上多种遵从范式纳入统一的分析框架。该模型假设税收遵从受税务机关的信任度和(执法)权力两方面影响。有研究表明,当纳税人对税务机关信任度提高,并在道德上感觉对社会整体福利负有贡献义务时,纳税人将会遵守税收法律而不会致力于如何最大化他们个人利益的目标。在一个信任度较高的环境里，税收遵从具有自愿合作的特征。另外，如果税务机关加强执法，纳税人则有可能在逃税和遵从之间权衡，纳税人有可能因感觉受到税务机关的强迫而纳税，也有可能导致抵制行为，促使他们采取策略性避税行为。税收逃避的概率会随着有效控制和惩罚的减少而增加，充分利用税收漏洞来获取税收利益的尝试也会增加。

如果税务机关的信任度和权力都处于最低水平，则税收遵从较低，纳税人会采取自利行为通过税收逃避来最大化其利益。此时，既可以通过提高纳税人对税务机关的信任度，也可以加强税务机关的执法权力来提高税收遵从率。

总而言之，自愿合作遵从与强制遵从之间的差别可以通过纳税人的行为以及潜在的动机反映出来。同时，税务机关的信任度和权力的作用可以相互替代。因此，税务机关与纳税人之间应当建立合作型、信任型的伙伴关系——帮助纳税人实现“合作型遵从”：纳税人最大程度自愿在正确的时间缴纳正确数额的税款。

（二）合作型遵从的核心理念

根据 OECD 的相关研究，在实施合作型遵从的过程中，共有 5 大主要核心理念支撑税务机关与纳税人之间建立合作型关系，其主要内容分别如下。

1. 充分理解纳税人交易活动背后的商业动机

理解纳税人交易活动背后的商业动机，即税务机关要具有理解实际业务的能力。如果税务机关不具有这种能力，就容易误解交易活动的实质，由此所产生的对应措施会招致潜在的税收争议和不确定性。很多国家都意识到了商业动机理解能力的重要性，并开始在税务机关内部培养这种能力，要求税务机关与纳税人保持经常性的接触，以获得对纳税人业务运营和内在风险的深入了解。

2. 努力做到税务管理中的法治公平

要求税务机关在处理税收事宜和解决相关问题过程中保持高度的一致性和客观性。法治公平不仅要依法治税,更重要的是在制定税法和执行税法的过程中要考虑到公平,税收法律和管理制度公平地适用到每一个纳税人。在税务管理制度和政策无法做到"帕累托最优"的现实背景下,法治公平在现代化税务管理中是弥补效率损失的良方。

3. 保持税务管理资源配置合适

保持税务管理资源配置合适主要指税务机关充分考虑整体税收结果并在资源有限的条件下如何决定诸多税务管理事项的优先处理顺序以及如何分配税务管理资源。从实践来看,在这一方面,各国税务管理部门主要是采取风险导向下的资源配置管理方式,以确保税务管理资源的有效利用。

4. 增加税务机关的开放程度和响应速度

通过税务机关的信息互动平台,企业和中介机构能够提前参与到税收政策和税务管理当中,充分了解政策意图,并且积极地在多方之间展开互动。从现有的研究和实践来看,开放性和响应性影响着纳税人所采取的遵从策略,更加开放并增加互动有助于提高纳税人的遵从,并且能够降低征管成本。

5. 鼓励纳税人通过信息披露增加透明度

一般而言对纳税人的法定信息披露义务和制度是比较抽象的,实际上还可能会被采取所谓的避税手段绕行,因此对信息披露制定一个客观统一标准并不太现实。但通过鼓励性的措施,让纳税人根据税法原则和精神,自愿性地披露相关信息以补充现有的强制性信息披露制度的不足,尽早地暴露税收风险,并且努力在双方合作下将风险消除。

(三)合作型遵从下的风险管理战略与模式

在契合合作型遵从理论和实践方面,我国税务部门已经有不少具体的做法，例如预填表服务、纳税遵从信息提示、事先税收裁定等。但是在"互联网＋"提出前，合作型遵从税收风险管理的实施还显得没有抓手，"互联网＋"提出之后，似乎变得豁然开朗，所谓合作型遵从就是"各种资源和力量加在一起，互联互通，以实现税收遵从最大化"，正好契合"互联网＋"的技术外形和精神内核。

在合作型遵从策略之前，税务机关的遵从实现手段可以概括为"服务＋执法"，这一模式虽然十分精准，然而无法反映多方互动背景下纳税人遵从的驱动力量，并且仅仅代表税务机关单向的努力。在合作型遵从策略下，更低成本却产生更高遵从度的内在驱动力量是征纳双方的信任，甚至涉及各方之间的相互信任，从而产生最大遵从度的最优税收执行资源配置，变成了"最大程度信任＋最优执法资源配置"。在合作型遵从策略下，从单向的"执法＋服务"，演变成为多向互动的"信任＋执法"。

这一战略和模式的变化已经得到了不少OECD国家实践层面的积极响应，澳大利亚、新西兰、加拿大和芬兰等多个国家在以下三个方面进行了探索。首先，在战略高度积极引入，在战略规划或年度工作报告中提出要实施合作型遵从策略。其次，设计了相应的实施框架，在各个层面内嵌了相应的共同参与、联合建议的方法论支撑(Engaging and Involving Approaches)，并且由制度化的参与机制给予保障。最后，提供了系统化的解决方案，在实施层面将战略理念、实施方法落实到具体的工作平台。

可以考虑将当前税收遵从风险管理的战略重点确立为：在复杂的税收政策环境中帮助纳税人减少风险，同时避免因税收风险造成的税收收入压力；澄清"互联网＋"时代税收政策和管理制度的误区，在规范和保护的同时，协调推进"网下"和"网上"的税收遵从，树立"遵守有益，不遵从有害"的税收环境。要实现这个战略，就要把握税收风险管理全局和局部工作的关系，提升税收遵从风险管理的全社会参与度，充分调动税收风险的相关利益者对税收风险的重视。

（四）合作型遵从风险管理的主要业务特点

合作型遵从风险管理主要包括以下“五大”支撑性的业务特点。

1. 合作伙伴关系

构建合作伙伴关系是“合作型遵从”理念的前提和基础。构建税务机关与纳税人的合作伙伴关系以明晰征纳双方的职责，并且进一步强化其他利益相关方的参与意识，形成和谐共赢的社会税收环境。

2. 法治公平透明

法治公平透明是社会各界对税务机关的外在要求。不仅要依法治税，更重要的是制定税法和执行税法的过程中要考虑到公平，税收法律和管理制度公平地适用于每一个纳税人，并且对于利益涉及各方而言，税收制度与管理方法都是透明的、方便被各方获取的。

3. 专业、创新、高效

专业、创新、高效是税务机关的内生动力和内在要求。专业管理不仅仅要求税务部门建立专业化的税务管理团队，进行面向分类、分行业的纳税人的专门化管理。创新则要求税务机关充分利用各种机遇，应用新的方法、新的手段，不断提高税务管理水平。另外，还要求纳税人，尤其是大中企业具有专业化的税务管理团队，而中小企业需要通过专业的中介机构进行税务管理，实现多方专业化的对接。

4. 风险管理导向

以风险管理为导向是税务机关促进“合作型遵从”的管理手段。对于税务部门而言，风险导向下的税务管理意味着税务管理资源按风险大小进行配备，实现面向风险的税务管理效益最大化。对于纳税人而言，也需要树立风险管理意识，在税务部门和中介机构帮助下对涉税风险进行事前、事中、事后的全方位管理。

5. 多方开放互动

多方开放互动是指运用各种社会平台，税务部门、纳税人、中介机构、第三方等相关各方互相公开涉税信息，并且在互相信任的基础上，多方互动，促进纳税人"合作型遵从"。

以上"五大支柱"，构成基于"互联网+"遵从风险管理现代化的基本体系，如图 5-1 所示。

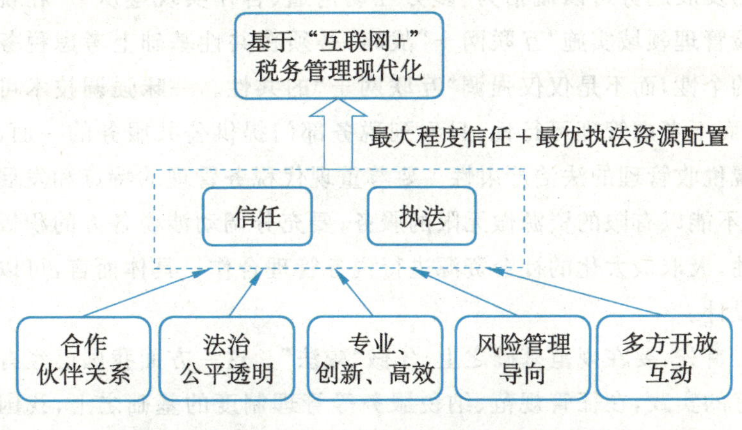

图 5-1 基于"互联网+"遵从风险管理现代化模式

二、"互联网+税收"风险管理的策略构想

在"互联网+"时代，税收风险管理无论在宏观全局上作为现代税收管理的模式，还是在微观局部上作为税务管理各个功能的核心环节，都需要拥抱互联网，才能适应社会和经济的发展。本文认为，作为现代税务管理核心的税收风险管理，要把握好"互联网+"时代的共性和个性，以适应现代税务管理的发展趋势，需要先做"减法"，再做"加法"，才能符合"互联网+"时代的要求。

"互联网+"时代的共性特征是充分运用大数据、物联网、云计算、移动网络四大技术，融合传统要素和其他非传统要素，甚至于一些革命性要素，提高和完善各行业的产品和服务质量。在充分理解共性的基础之上，还必须把握税务管理的个性。这一个性体现在两个方面：第一，税务管理的本质来源于征纳双方的信息不对称，是在法定权力的基础上，应用有限的税务管理资源来实现最大的纳税人遵从；第二，从纳税服务和遵从管理两大基本任务来看，现代税务管理的发展趋势可以概括为“多方互动沟通、合作实现遵从”。在税收风险管理领域实施“互联网＋”战略，必须在共性基础上考虑税务管理的个性，而不是仅仅强调“互联网＋”的共性。一味强调技术可能性，而不考虑管理可行性；只看到税务部门提供公共服务的一面，而忽视税收管理的法治严肃性。要尊重现代税务管理的特点和发展趋势，不能以有限的资源做无限的服务；要充分调动涉税各方的积极主动性，汲取最大化的社会资源进行税务管理合作。具体而言，可以如下设计。

首先，要在规范基础之上，先做“减法”。这一方面我国已经有了很好的实践，在征管规范、纳税服务等管理制度的基础之上，我国税务管理领域已逐步形成自动化征管流程的制度基础。在这个基础之上，税务风险管理方面可以进行一系列的“减法”。第一，将税收风险管理中原本由纳税人承担的自我评定义务、可以由税务中介完成的税收辅导任务、该由第三方完成的税收信息申报义务、应由专业化团队完成的税收分析研究任务等进行分解，税务管理部门可以考虑只保留若干核心的税收风险管理任务。第二，将企业税收风险管理按面向不同客户对象、涉及不同税收管理功能进行分解，按照矩阵式服务的现代管理方式，形成有序的管理任务流。第三，按专业化分工在税务部门内部进行纵向横向分解，形成上下级责任分工、同级行业应对分工等，形成管理纵横合作流。在此基础之上，进一步形成税务风险管理的两大子系统：税收风险分析子系统和税收风险任务管理子系统。从某种程度上来说，做“减法”是在明晰征纳双方权利义务的基础之上，对税收风险管理进行优化分解，是将税务管理合理科学地矩阵化、层级化、社会化的形象说法。

其次，在做完"减法"之后，在不同层面再做"加法"。第一，使用减法阶段分解开的税收风险管理各职能，通过约束和激励机制，将由税务部门外部的合作各方提供的优质服务与税务部门专业化的核心任务进行叠加，重新形成纳税人、中介服务机构、税务管理部门共同参与其中的完整的税务风险管理全链条。第二，在税务部门内部，将按客户分类的税收风险管理任务，以及涉及的税务管理功能（例如信息技术服务、税法解释、国际税收协调、纳税人诉求响应、税收诉讼等），进行矩阵式的有序管理对接。第三，在税务部门上下级，将总局、省局和地市局的税收风险管理功能和任务在纵向进行对接，形成上下指挥一体的税务风险管理任务应对体系。第四，在税务管理横向同级之间，将不同区域的、分行业的专业化税收风险应对团队组装成虚拟化的、全行业的、全功能的整体应对团队。

最后，使用信息支撑和运行平台进行黏合。"互联网＋"税收风险管理局面的形成，需要理念的更新、制度的创新、组织架构的调整，更需要使用信息平台进行黏合。这个信息平台是一个税收风险管理大平台的概念，在功能上要联通税收风险分析子平台和税收风险任务管理子平台等税务内部平台，在层级上要联通税务部门总局、省局和市局各层，还要将税务部门的税务风险管理平台通过互联网向税务部门外部延伸，要在重新审视"互联网＋"时代的社会经济形态、信息生态链的基础上，将"减"出去的社会化承担功能通过互联网再"加"回来。这个"互联网＋"大平台的实现，不仅需要合理地做好功能分解，更需要科学界定政府和市场的边界。在此基础之上，税务管理部门和其他相关管理部门提供公平、公开、公正的监管和标准，为参与"互联网＋"税收风险管理信息大平台建设的各方提供支持和条件，这一大信息平台模式不仅能促进和丰富面向纳税人的通用税收风险管理服务，同时也为税务领域的"大众创新"提供广阔的平台。

"一减一加"，并非在原点打转，而是在"互联网＋"的大物移云等四大技术特征基础之上，完成内外部、各层次、各种资源的融合，形成各方合力促进税收遵从的良性风险管理生态链，以更小的成本获取更大的收益。这一建设过程，正如本文一直提倡的一样，不仅仅需要许多具体的辛苦工作，更重要的是理解"互联网＋"的核心精神，以大利益观取代小利益观，以创新和开放的姿态迎接"互联网＋"税收风险管理时代的到来。

参考文献

[1] 江苏省苏州工业园区地方税务局．率先实现稽查现代化的探索. 2013-12.

[2] 谢波峰．"互联网＋"时代的税收风险管理．中国税务，2015(8)：34-35.

[3] 杨杨，杜剑．"互联网＋"背景下税收合作性遵从实现的路径分析．税务研究，2016(5)：37-42.

[4] 张爱球．OECD的税收风险管理理论与实践．中国税务，2009(11)：18-20.

[5] ALLINGHAM M G，SANDMO A. Income tax evasion：A theoretical analysis. Journal of Public Economics，1972，1(3-4)：323-338.

[6] KIRCHLER E，HOELZL E，WAHL I. Enforced versus voluntary tax compliance：The "slippery slope" framework. Journal of Economic Psychology，2008，29(2)：210-225.

第 6 讲 对当前我国电子商务税收政策的看法[①]

随着电子商务的逐步成熟，电子商务税收问题成为各界关注的焦点。本讲通过对我国当前电子商务税收政策是否“真空”、经济影响、国外政策借鉴等焦点问题所进行的分析，提出完善我国电子商务税收政策的若干看法和建议。

近些年来，全国两会期间持续有代表关注电子商务税收问题，2013 年甚至有代表提出过电子商务税收征管法的议案（王填，2014）。另据商务部统计，2017 年我国电子商务保持持续快速增长的势头，网络零售额达 7.18 万亿元，位居世界第一。毫无疑问，由于电子商务对当前中国经济和社会的深入影响，电子商务的税收政策和管理已经成了当前我国税收领域必须尽快解决的重要问题。针对这一领域也有不少国内研究，如武汉国税局课题组（2014），白彦峰、张琦（2014），李恒、吴维库、朱倩（2014），毛慧华（2013），岳树民、高春（2013）等众多学者的相关研究成果。这些研究当中，仍然存在一些问题。例如，仍然有少部分研究者固执地认为电子商务存在着所谓的“税收政策真空”；关于电子商务税收政策的经济影响缺少相应的科学研究；对国外的电子商务税收政策介绍不清楚，没有反映最新的

① 本讲主要基于 2014 年 11 期《财贸经济》杂志发表的文章，根据电子商务税收政策的最新发展更新形成。

进展(有不少文章仍在讨论在1998年渥太华电子商务会议[①]上提出的电子商务征税原则),甚至存在着不少错误(如混淆了美国互联网接入免税和电子商务销售税两项不同的税收政策);对电子商务税收政策的讨论过于简单化,不能结合中国的商业经济环境和电子商务发展等要素进行分析。

本文针对这些问题,通过对我国当前电子商务税收政策是否是税收"真空"、经济影响、国外政策借鉴、看法和建议四个方面所进行的分析,提出完善我国电子商务税收政策的若干看法和建议。

一、电子商务是税收真空吗

对于这一问题,业内专业领域已基本做出澄清(卢慧菲,2014)。但由于该问题与后续讨论的焦点问题具有一定的相关性,因此在此首先略做梳理。

从销售货物的流转税来看,我国现行的增值税的相关法规,均没有将电子商务列为免税的条例。例如,《中华人民共和国增值税暂行条例》(以下简称《增值税暂行条例》)第一条规定:"在中华人民共和国境内销售货物或者加工、修理修配劳务(以下简称劳务),销售服务、无形资产、不动产以及进口货物的单位和个人,为增值税的纳税人,应当依照本条例缴纳增值税。"电子商务作为一种销售方式,同样也应该属于增值税的应税范围。

关于纳税人的定义,《中华人民共和国增值税暂行条例实施细则》(以下简称《增值税暂行条例实施细则》)第九条规定:"条例第一条所称单位,是指企业、行政单位、事业单位、军事单位、社会团体及其他单位。"我国增值税体系将个人电子商务经营者(或称个体网商)

---

① 1998年10月8—9日,OECD在加拿大渥太华召开了世界上第一次以电子商务为主题的部长级会议。

分为个体工商户和其他个人两种类型。对于个体网商,《增值税暂行条例实施细则》第三十七条规定:"增值税起征点的适用范围限于个人。增值税起征点的幅度规定如下:(一)销售货物的,为月销售额5 000～20 000元;(二)销售应税劳务的,为月销售额5 000～20 000元;(三)按次纳税的,为每次(日)销售额300～500元。"2014年前后,各界人士所讨论的年销售额24万[①]的个体网商应当不缴纳增值税,即是按这一规定进行的推算(2万元/月×12个月=24万元)。对于个体网商而言,还有一条重要的规定,即《增值税暂行条例》第十五条规定:"下列项目免征增值税……(七)销售的自己使用过的物品。"《增值税暂行条例实施细则》第三十五条(三)做了进一步的规定:"第一款第(七)项所称自己使用过的物品,是指其他个人自己使用过的物品。"即个体网商中的非个体工商户如果销售的物品全是自己用过的旧物品,可以免征增值税。但是,在我国C2C平台上经营的个体网商,基本上都不属于这一情况[②]。

从所得税来看,电商企业享受的税收优惠主要体现在小微企业以及高新技术企业两方面。或者说,电商企业与其他类型企业一样,需要是小微企业或者高新技术企业才有税收优惠政策,并无单独的规定。

《中华人民共和国企业所得税法》(以下简称《企业所得税法》)第二十八条第一款规定:"符合条件的小型微利企业,减按20%的税率征收企业所得税。"财政部、税务总局《关于扩大小型微利企业所得税优惠政策范围的通知》(财税〔2017〕43号)规定:"自2017年1月1日至2019年12月31日,将小型微利企业的年应纳税所得额上限由30万元提高至50万元,对年应纳税所得额低于50万元(含50万元)的

---

① 该提法最初起于淘宝网针对人大代表王填提出的《电子商务税收征管法》议案的回应。

② 虽然没有相关数据,但从淘宝热卖商品中基本可以推断出这一点。

小型微利企业，其所得减按50%计入应纳税所得额，按20%的税率缴纳企业所得税。”以上享受所得税优惠政策的企业是指符合企业所得税法及其实施条例规定的小型微利企业。小型微利企业的特点主要体现在“小型”和“微利”上。除了要求从事国家非限制和禁止的行业以外，还要满足三个标准：一是资产总额，工业企业资产总额不超过3 000万元，其他企业的资产总额不超过1 000万元；二是从业人数，工业企业从业人数不超过100人，其他企业从业人数不超过80人；三是税收指标，年度应纳税所得额不超过50万元。

针对高新技术企业方面，《企业所得税法》第二十八条(第二款)规定：“国家需要重点扶持的高新技术企业，减按15%的税率征收企业所得税。”《中华人民共和国企业所得税法实施条例》第九十三条规定：“企业所得税法第二十八条第二款所称国家需要重点扶持的高新技术企业，是指拥有核心自主知识产权，并同时符合下列条件的企业：(一)产品(服务)属于《国家重点支持的高新技术领域》规定的范围；(二)研究开发费用占销售收入的比例不低于规定比例；(三)高新技术产品(服务)收入占企业总收入的比例不低于规定比例；(四)科技人员占企业职工总数的比例不低于规定比例；(五)高新技术企业认定管理办法规定的其他条件。”

即使不考虑个人所得税等其他相关税收政策，从以上关于增值税和所得税的主要税法法律来看，并无单独针对电商企业的税收减免优惠政策，这一点也逐渐为社会各界所认识到。

另外，从跨境贸易电子商务法律规定的情况来看，《关于跨境电子商务零售进口税收政策的通知》(财关税〔2016〕18号)中规定：“跨境电子商务零售进口商品的单次交易限值为人民币2 000元，个人年度交易限值为人民币20 000元。在限值以内进口的跨境电子商务零售进口商品，关税税率暂设为0%；进口环节增值税、消费税取消免征税额，暂按法定应纳税额的70%征收。超过单次限值、累加后超过个人年度限值的单次交易，以及完税价格超过2 000元限值的单个不可分割商品，均按照一般贸易方式全额征税。”“不属于跨境电子商务零售进口的个人物品以及无法提供交易、支付、物流等电子信息的跨境电子商务零售进口商品，按现行规定执行。”即按照《关于调整进出境个人邮递物品管理措施有关事宜》(海关总署公告 2010 年第 43 号)，每次限值为 1 000 元人民币(个人寄自或寄往港、澳、台地区的物品，每次限值 800 元人民币)，超出规定限值的，应按照货物规定办理通关手续，参照行邮税税率[①]计征税款，应征进口税税额在人民币 50 元(含 50 元)以下的，海关予以免征。

从以上这些主要法律来看，关于电子商务税收政策是否真空的问题，答案肯定是否定的。然而对于电子商务这一新生力量所带来的各种潜在优势和发展影响，以及如何对其制定正确的政策仍然存在着不同的看法。其理论逻辑主要从以下两个方面进行考虑：一是电子商务税收政策的经济影响；二是基于市场经济共同规律而需要考虑的国外政策经验借鉴等。以下将主要讨论这两个焦点问题，并进一步提出对我国电子商务税收政策的建议和看法。

二、税收对电子商务发展的经济影响

税收对电子商务发展的经济影响，我国基本上没有实证方面的严谨研究[②]，由于缺少这方面的准确回答，往往有一些对税收作用的极端看法存在[③]。电子商务作为新生事物，被各方寄予厚望，甚至被

---

① 现行我国适用行邮税的个人邮递物品根据种类不同，划分为 15%、30%、60%三档税率。

② 例如白彦峰、张琦(2014)的研究中，对电子商务发展对实体销售影响的分析模型较简单，并且结论得出的影响系数为 -8.09×10^{-6}，令人觉得这些结论的确需要进一步论证。

③ 网络上主要的观点就是个体网商，甚至于企业网商(B2C)，都是在偷逃税额前提下靠低价竞争生存。

认为是希望和未来所在[①]，因此我国税收管理部门对电子商务领域税收政策的运用非常慎重。

从国外的研究来看，例如美国国家经济研究局(NBER)的研究认为，税收对电子商务的影响，随着电子商务的发展在逐渐减小。在2000年前后，有研究表明(Brown，2002)，对电子商务课以传统商务同样的州销售税，将会导致网络销售购物者下降25%，造成30%的在线销售额下降。随着电子商务的深入发展，在2006年前后，进一步的研究表明(Alm，2006)，这一影响变得更小，估计对网络销售课税造成的在线销售额下降仅为6%，这一研究成果也在其他研究(Scanlan，2007)中得到了类似的印证。对这些研究结论最合理的解释或许是，人们正在逐步熟悉，甚至于依赖电子商务环境，因此税收对其购买模式的选择影响也在逐步削弱。

这些研究结论对我国的电子商务税收政策的制定同样有所启示。从理论上来看(先不讨论税收优惠问题)，对电子商务加强税收管理，让电子商务经营者和传统经营者一样，站在同一条政策起跑线上，电子商务的经营者可以通过提高生产经营管理效率，降低其他经营管理成本以保障生存(其实从中国的电子商务实践来看，类似于税收的收费已经存在。例如，电子商务平台企业收取的平台经营费用，已经构成了类似的"税收")[②]。因此，征税并不必然地会导致消费者面临的价格上升，一味强调税收政策将导致消费者面临价格上升虽然符合一定的税收经济理论逻辑，但所反映的商业思维却折射出了

---

① 2013年3月6日，淘宝网官方微博回应了网络热炒的苏宁董事长张近东加强网店征税的观点，回应中提出"我们不反对电商征税，但我们反对在今天这个时期征税，对辛苦创业的个人小店主征税，对年轻人的就业征税，对年轻人的希望征税，对年轻人的未来征税"。

② 电子商务平台对电子商务经营者收取平台费用已经成为国内外电子商务领域的惯例。例如，2011年10月10日，作为中国最大的B2C电子商务平台淘宝商城突然宣布：2012年，向商家收取的年费将从6 000元调整到3万元、6万元两档，商家的保证金也将从1万元调整到1万～15万元不等，10月11日，数千家中小商户对淘宝商城的大卖家进行"攻击"，这是其对提高收费的抗议。

我国长久以来根深蒂固的某些商业文化(竭力将所有的成本费用向消费者一端转移)。

结合中国的实践,我们或许可以从已有的一些相关研究来做进一步的推断。首先我们可以来看中国消费者对价格的弹性,即税收完全传导到消费者环节,也就是说税收真的引起了涨价,这种情况下消费者的响应。国外消费调查公司 Alix Partners(李宏薇,2008)的调查显示,随着近年收入普遍增加,中国消费者购买力日益充裕。尽管近期中国经济增长呈放缓迹象,但价格因素在其调查的家庭日常用品、家居科技产品等八个消费品行业①中均是排名最低的影响因素。该公司所调查的八个消费品行业包括酒精饮料、休闲服饰、耐用消费品、化妆和护肤品、家庭日常用品、家居科技产品、非酒精饮料及个人卫生用品。调查对象为北京、上海、广州、重庆和沈阳的近 5 000 名消费者。调查影响因素项目包括产品、价格、服务、渠道和经验。这些影响因素中,产品本身在五类消费品中被列为最重要因素,服务因素紧随其后,而在家庭日常用品、家庭耐用消费品和家居科技产品三类消费行业中,被调查消费者普遍认为服务因素最为重要。其次,我们来看淘宝网的消费增长情况和 CPI 的增长情况。例如,从 2012 年的数据来看,CPI 比上一年上涨 2.6%,而淘宝的销售额从 2011 年的 5 000 亿元上升至 2012 年的 11 000 亿元,如果我们进一步从淘宝发展的 10 年来看,同样可以看到价格因素并非影响其迅速扩张的主要原因。最后,我们简单地选择了若干行业的平台商户和自营商户的价格,进行对比,也并没有发现低价格必然引起销售额的上升这一关系②。

---

① 从淘宝的数据来看,淘宝三分之一的销售是衣帽服饰,并且占据了全国约三分之一的市场,以上行业大部分是典型的电商行业。

② 我们可以从淘宝的排名榜来看销售额与价格、品质、服务等的关系。虽然没有明确的数据,由于税收的变动类似于价格的变动,不同网商经营者的同样商品有着不同的价格,我们可以观察到价格变化对销售的影响,因此可以类似地推测出税收对销售额变化的影响。

因此，如果要考虑税收转嫁形成的价格因素对电子商务行业增长的影响，或者说征不征税对电子商务的影响，我们认为至少是不可夸大的。

这一结论也从电子商务实践中得到了部分验证。2013年11月，亚马逊(Amazon)在澳大利亚设立网站之后，有研究者对相应的美国网站价格和澳大利亚价格进行了比较，发现对同一产品而言，包括GST(Good and Service Tax，货物和劳务税)的澳大利亚网站报价，既有高出美国网站报价的情况，也有低于美国网站的情况，并且即使价格高的也并非高出10%的GST税额。

三、国外电子商务税收政策经验借鉴

由于电子商务不受地域限制[①]，在我国电子商务税收政策的制定过程中，相当一部分人主张借鉴和推崇国外模式。其实，从欧盟、澳大利亚、新加坡等处于电子商务理论和实务前沿的经济体来看，对电子商务和传统商务采取基本一致的税收政策已经是国际通用的做法，例如欧盟早在2003年就对电子商务方式销售货物要求和传统销售货物方式一样缴纳增值税。值得注意的是，各国在对电子商务采取征税立场的同时，也根据实际国情，采取了针对性的税收优惠政策，主要体现在电子商务起征点、某些特殊的电子商务产品和服务等方面。下面将具体介绍美国、澳大利亚、欧盟等主要国家和区域的电子商务税收政策。

(一) 美国电子商务的税收政策

2013年5月，美国国会参议院以69票对27票的结果批准了迈

① 从各国电子商务的实践来看，电子商务也并非可以随心所欲地进行全球化的扩张，除了税收政策之外，金融和支付的监管等，都限制了电子商务的跨国发展。

克·恩齐等联邦参议员提出的《市场公平议案》，该法案授权美国所有的州政府向企业通过网络、电台和电视广告销售的产品征收销售税。针对这一法案，我国不少媒体纷纷以“美国电子商务不再免税”为题进行报道。在报道中，所谓的“不再免税”往往被拿来与《互联网免税法案》相提并论，然而美国《市场公平议案》所指的税是州销售税，而《互联网免税法案》中免除的是互联网接入服务的纳税义务，这两项法案就税收的征收对象而言，基本上是风马牛不相及。

所谓“美国对电子商务免税”的说法，还有以下几点需要明确：① 首先，在美国，销售税是州税，是依据消费地原则在零售环节征收的，即在消费者所在的州缴纳相应的销售税。② 电子商务企业在该法案正式生效前，所谓的免税，是指依照 1992 年美国最高法院对目录销售企业 Quill Corp 案件的判决做出的规定：如果零售商对州外的客户销售产品，州政府不能强制本州的零售商对交易收取销售税，除非该零售商在客户所在的州也有部门和足够多业务存在。③ 依据这一规定，美国电子商务企业(互联网零售商)认为“只有电子商务企业在该州拥有实体时，才能对其针对该州客户的销售进行征税”。当然，一些州对“实体”的定义进行了扩充，将电子商务企业雇用的营销公司或开办的子公司也列入其中。④ 事实上，全国性的电子商务企业在全美各州的销售业务要向消费者所在的各州缴纳相应的销售税。例如，亚马逊的总部在西雅图，西雅图属于华盛顿州。而亚马逊开始在加利福尼亚州大量建立仓库时，加州政府于 2012 年 9 月要求亚马逊必须缴纳销售税，即加州消费者在亚马逊网购时，亚马逊就要向加州政府缴纳销售税。据不完全统计，2014 年前后，由亚马逊或亚马逊附属公司网上销售的物品，至少需要向九个州缴纳相应的销售税。这九个州分别是：亚利桑那州、加州、堪萨斯州、肯塔基州、纽约州、北达科他州、宾夕法尼亚州、得克萨斯州和华盛顿州。一般的流程是消费者网购填单结算时，网站会根据收货地点，根据该地点所在州的销售税税率，计算出要缴纳的销售税，一并计入账单。

因此，所谓的美国电子商务免税，其税收政策含义与我国电子商务的税收政策截然不同，美国 2013 年电子商务的税收政策变化是从个别要求缴纳的州销售税到普遍征收的州销售税，而我国是完善现有的税收政策和管理制度，从不存在所谓的“税收真空”。

（二）ATO[①]（澳大利亚税务局）的特殊性的电子商品的税收政策：

澳大利亚政府在流通环节征收 GST，该税与我国的增值税相似，凡在澳大利亚境内从事除金融以外的一切货物及劳务销售的企业（包括销售不动产、无形资产以及进口货物和劳务），全部纳入 GST 的征收范围。澳大利亚对电子商务采取的税收政策是在 GST 税收框架内进行完善和解释，其中若干典型电子商务情况的税收政策如下。

1. 通过互联网提供广告服务的电子商务税收政策

通过互联网提供广告服务的典型情况包括以下三种：第一种，澳大利亚居民企业通过另一个澳大利亚居民企业的互联网站发布广告，对产品和服务进行营销；这种情况在 GST 税收政策的适用中没有不明确的地方，与传统方式相较，在税收政策方面没有差异。第二种，澳大利亚非居民企业通过澳大利亚居民企业的互联网站发布广告，对产品和服务进行营销，根据澳大利亚现行的增值税政策免征增值税；第三种，澳大利亚居民企业通过澳大利亚非居民企业的互联网站发布广告，对产品和服务进行营销，属于 GST 不征税范围。

2. 特殊的商品：通过互联网销售数字化产品

澳大利亚居民企业通过非居民企业在线购买了数字化产品（如软件），所得税和流转税处理如下：第一，所得税。一般而言，非居民企业的营业利润不必在澳大利亚缴纳企业所得税，除非这些业务是

① 谢波峰（2013）进行了该方面更为详细的介绍。

通过企业在澳大利亚的常设机构来完成的。拥有一个澳大利亚独立的互联网服务提供商(ISP)的网站且不被认为是在澳大利亚具有常设机构,则该项业务不需要在澳大利亚缴纳相应的所得税。然而,如果澳大利亚的居民企业向非居民企业支付软件许可费(License Fee),例如获得制作软件的拷贝并进行销售的许可权,这种许可费在某些情况下将被课征特许权预提所得税(Royalty Withholding Tax)。第二,GST。根据澳大利亚有关GST的法律,非居民企业在互联网上销售数字化产品一般不构成与澳大利亚有实际联系的销售,非居民企业通过互联网销售数字化产品不需要缴纳GST;然而,如果购买数字化产品(软件)的居民企业是一家金融机构,提供已税进项(Input Taxed)的服务,而购买的软件用于提供这些已税进项的服务,这时,根据特殊条款,非居民企业向居民企业销售软件就被认为是应纳税的销售,因为这时居民企业所购买的软件与提供已税进项的服务有关。不过,这时纳税人不是销售数字化产品的非居民企业,而是购买数字化产品的居民企业,需要缴纳相当于软件销售价格10%的GST。

3. 跨境电商政策的调整

澳大利亚属于电商发展较快的国家,有数据显示,截至2017年年底,澳大利亚有超过80%的消费者通过跨境电商购买过物品,远远超过全球平均的51.2%,因此该国对于跨境电商政策比较看重,较早地针对进口税收政策对其进行了调整。澳大利亚税务主管部门ATO于2017年7月宣布,自2018年7月1日起将对向澳大利亚境内销售商品价值不高于1 000澳元的海外商务交易征缴GST。这一调整包括以下具体规定。

(1) 对征税范围做了调整,扩大至服务、数字产品以及低价值商品:从2017年7月1日起,向澳大利亚居民消费者销售的进口服务和数字产品,包括在线观看或下载电影、音乐、应用程序、游戏和电子书、赌博服务和包括建筑或法律服务在内的传统服务;从2018年7

月1日起,向消费者销售的进口低价值商品,进口低价值商品为价值不高于1 000澳元的实物商品(烟草或含酒精饮料除外),包括服装、电子产品和化妆品等。

(2)纳税人是在12个月内达到GST注册门槛7.5万澳元的企业,主要包括三类:第一,销售服务、数字产品或低价值商品的跨境电商;第二,电商平台运营商,通过在线销售平台允许平台商家跨境销售数字产品、数字服务或低价值商品;第三,物流服务等第三方服务商,这一类第三方服务商帮助跨境销售电商将低价值商品运到澳大利亚的消费者手中。

(3)以上三类纳税人的纳税义务确定规则是:第一,如果跨境电商通过在线销售平台销售服务、数字产品或低价值商品,通常是平台运营商而非商家负责收取消费者的GST,并缴纳给澳大利亚税务管理部门ATO;第二,只有当在线销售平台运营商或商家不协助将商品运送到澳大利亚时,负责转运的物流第三方才负责收取GST并缴纳。

(三)欧盟的电子商务政策

对于在欧盟区域内开展电子商务服务的企业,如亚马逊(Amazon)、易贝(eBay)等电子商务网站,需要按照欧盟的规定,对欧盟区域内的销售业务,按照消费者所处国家的增值税税率缴纳一定比率的增值税。对于特殊范围的货物(例如书本、婴儿用品、日用品)的销售,则可以与线下销售一样,享受免税服务。数字产品的销售(Kindle内容、应用程序、MP3等)则适用Amazon注册地卢森堡15%的税率(电子书适用税率3%)。对于欧盟区域以外的消费者,没有增值税的要求,但必须按照消费者所在国的要求,由电子商务网站预先收取相应的目的地国的进口税收。

(四) 电子商务的优惠政策

除了明确电子商务的适用税收政策之外，各国(和地区)还制定了一些针对电子商务的税收优惠政策。首先在起征点方面，很多国家都规定，对境外通过电子商务方式销售货物的纳税人设立相应的起征点。例如澳大利亚 GST 法律规定，通过电子商务方式销售的境外纳税人，达到澳大利亚有实质联系的销售额(Turnover)或超过登记要求(7.5 万澳元，非营利机构为 15 万澳元)，需要在澳大利亚进行 GST 税收登记。其次，对于通过电子商务方式进行购买的企业和个人，可以享受一定的税收优惠。例如在新加坡，除了电子商务税收的一般规定，对于个人通过电子商务方式购买软件，满足一定条件可享受免税优惠，如 2013 年前购买科学、教育等领域的信息产品享受免税优惠。最后，针对某些特定的货物和特殊的群体，通过电子商务销售享受免税待遇。例如，在欧盟区域，通过电子商务网站购买特殊范围的货物，享受免税待遇；对于残疾人和慢性病患者，可以享受退税待遇。

这些税收优惠政策的制定，既考虑了电子商务的特点，也结合了各国经济社会的战略发展需要，既有利于全球化商务的运营，又不会对国家税收利益造成太大损害。

四、对我国电子商务税收政策的看法和建议

在对我国电子商务税收政策现状、经济影响和国外经验进行分析和介绍之后，以下将提出对我国电子商务税收政策的若干看法和建议。

(一) 澄清电子商务应适用的税收政策

针对电子商务相关争论，税务部门宜澄清电子商务的纳税义务，

应使纳税人明确电子商务仅是销售方式的变化，基本属于我国现行流转税的征收范围。“电子商务税收政策空白”等不正确说法影响了电子商务经营者的纳税意识养成。

围绕着电子商务的特性（3A 中的 Anywhere，Anytime，Anyway）和税收要素，结合典型案例，税务部门要通过分析电子商务的税收政策和税收管理，澄清以下电子商务的税收要素。

第一，需要缴纳什么税。一般而言，电子商务销售的是货物，根据前述有关规定，需要缴纳增值税，如果提供的是营业税劳务，则缴纳营业税。

第二，按什么身份缴纳税款。对于大部分电子商务企业而言，应该是以小规模纳税人的身份缴纳税款，但对于超过一般纳税人标准的电子商务企业而言，应该按要求认证为一般纳税人。

第三，在哪缴纳税款。对于具有实体店的企业，由于其拥有注册地点，一般是注册点缴纳。对于仅有网店的电子商务企业，明确纳税地点，区分不同类型的电子商务经营情况，按网店经营者所在地、网店发货地、消费者所在地（消费地原则）、交易平台所在地、网店经营者户口所在地等进行明确。

第四，明确电子商务经营中相关方的税收义务。针对电子商务活动中相关各方没有相应的税收义务规定，例如平台提供者没有税收义务的规定，既没有作为第三方的信息报告义务，也没有像其他税收政策所规定的税款相关的义务。应明确电子商务平台提供者，在不同经营模式情况下，以电子商务平台的独立身份进行税务申报，具有信息报告义务、税款代征代缴义务等不同的相应税收义务。

（二）基于消费课税转型总体设计电子商务的税收政策

不可否认，电子商务的税收政策将对之后十年到二十年内的税收经济产生深远影响。因此，基于当前的短期税收政策考虑固然有一定道理，但可能会留下些许隐患。我国未来的税收政策在流转税方面，或许会是基于消费课税的税收政策导向，而并非目前的基于生产的税收政策。基于生产和销售的增值税政策，在分税制财政体制下，造成地方政府热衷上项目的内生财税机制冲动，一直为各界所诟病，而分税制财政体制估计将是中长期我国的基本财政制度，因此改善其内在税收设计带来的冲动，或许是可行的选项。电子商务作为一种新生增量，通过在该领域的制度设计改变当前的机制，未尝不是一种很好的选择。例如在电子商务纳税地选择上，可以考虑将消费者消费地作为税收缴纳地点，这种面向消费课税的做法为美国将要开征的销售税所采纳，也是国际电子商务课税原则中所推荐的一种做法。

具体而言，可以考虑：① 针对个体网商考虑在居住地税务管理登记的同时，按照消费者所在地，借鉴欧盟和美国经验，由个体网商平台向消费者所在地省级税务机关缴纳代征代缴的相关流转税税收。② 从长远来看，大型企业网商也可逐步向以上政策转变。

（三）有条件地制定电子商务税收优惠政策有利于我国经济和商业的发展

在各国对电子商务制定一定优惠政策的同时，关于电子商务是否需要采取税收优惠政策也有不同的观点。不支持对电子商务采取税收优惠政策的一方认为（例如，武汉市国家税务局课题组，2014），对电子商务采取税收优惠政策，是对传统商务企业的不公平，尤其是数字鸿沟的存在，使得这一现象可能更为严重。

本文认为，对于电子商务税收优惠政策的考虑应该结合我国的经济社会和商业运营的现状来综合考虑。正如本文前述，我国经济社会和商业生态中存在着某些不正常的定价模式（这一模式下存在着不少暴利行业）、商业中的诚信缺失、质量低下等严重问题，电子商务作为新兴的商务模式，所具备的技术特性可以对旧有的商业生态发挥革新性作用，对解决这些问题能起到改善性的推进作用。我们不能期望作为新生力量的电子商务能够拥有足够的力量自发地涤荡存在的这些负面影响,从这一角度来看,税收作为重要的政府调控力量之一,应该发挥其应有的促进作用。

当然,对于电子商务税收优惠政策的应用是有条件的,应当结合国家电子商务示范项目中的电子溯源、电子亮证[①]等,给予电子商务企业一定的税收优惠,支持电子商务企业应用相应的技术和标准。这种税收优惠并非对传统商务企业的不公平,由于国家对电子商务企业的经营采取自由进入立场,传统商务企业可以通过设立电子商务经营形态,与新兴的电子商务企业展开公平的竞争,这种竞争将有利于消费环境的优化,并将促进消费。

有条件地制定电子商务税收优惠政策,具有若干优点:第一,将"低价"这一地下竞争优势,转变为地上的税收竞争优势,将见不得阳光的"偷逃税"这一所谓的"优势",变成光明正大的竞争优势,使得电子商务企业的竞争从税收"说辞"转变为对定价模式、合理商业利润等自身原因的审视。第二,国家从做大的市场中获得税收利益,人民群众从良性的电子商务运营中得到实惠,形成国家税收、电子商务企业、人民群众三方得益的良性循环。

另外,在对电子商务企业优惠的同时,眼光要放远,放宽,着眼于服务电子商务和传统商务两方面的整体产业格局,不仅要考虑电子商务企业,还要考虑服务于电子商务企业的新型第三方电子商务服务企业。阿里巴巴研究中心最新数据显示,天猫、淘宝卖家服务平台的第三方服务商数量4 000多家,服务工具数量上万款,展现了第三方服务市场的巨大潜力。

---

① 2012年,我国开始在22个国家电子商务示范城市开展网上信用、电子认证、在线支付和物流配送等多个领域的试点项目。

（四）可以考虑制定的若干电子商务税收优惠

根据国家产业结构调整和促进就业的需要，针对电子商务经营特点，结合国家电子商务各种类型示范项目，研究若干促进性的流转税和所得税税收优惠政策，可以考虑以下方面的税收优惠措施。

第一，对个人电子商务经营者，本着“加强管理、优化服务、简化程序、降低税负”等原则，结合现有的税收管理制度，结合营改增后的税收政策完善需要，适当提高增值税起征点，在所得税中适当提高免征额。对电子商务服务企业（平台、物流、技术服务）等结合国家营改增税收政策，参照软件企业的税收优惠政策，制定相应的流转税政策和所得税政策。

第二，考虑电子商务经济中的分项目税收优惠。考虑对符合条件的电子商务企业实施税收优惠政策，例如国家急需加强质量管理的、人民群众呼声较高的产品，如婴幼儿用品、奶粉、食品等；同时，享受优惠的电子商务企业必须采取电子认证、质量追溯、电子亮证等一系列电子商务示范项目（从这一角度来看，税收优惠是一种对电子商务企业的补偿）。

第三，考虑跨国电子商务的税收优惠政策。随着跨国电子商务平台的发展，在保护我国税收利益，利用大数据技术强化监管的前提下，同时需要考虑支持电子商务经营者拓展国际业务和方便人民群众利用国际电子商务平台，联系中国制造产品的国际声誉提高等政策目标，研究出台货物出口和服务出口的税收优惠政策，制定享受电子商务优惠政策的部分生活必需品目录。

参考文献

[1] 白彦锋，张琦．我国电子商务税收稽征问题探讨．税务研究，2014(2)：65-68.

[2] 李恒，吴维库，朱倩．美国电子商务税收政策及博弈行为对我国的启示.

税务研究,2014(2):74-78.

[3] 李宏薇．中国经济增长虽趋缓,但消费者价格敏感度不高[EB/OL].路透中国网．2008-10-22.

[4] 卢慧菲．从两种基本思路出发制定科学合理的电子商务税收政策.中国税务报．2014-03-15.

[5] 王填．关于制定《电子商务税收征管法》的议案[EB/OL].(2013-03-07). http://www. 100ec. cn/detail--6086810. html.

[6] 武汉市国家税务局课题组,覃先文,刘卫明等．完善我国电子商务税收征管的设想．税务研究,2014(2):68-70.

[7] 谢波峰．澳大利亚电子商务税收政策简介．国际税收,2013(9):64-67.

[8] 岳树民,高春．电子商务课税"突围":立足有效征管的制度设计．财贸经济,2013(4):24-28.

[9] 谭荣华．对未来几年内我国电子商务是否征税的思考．国际税收,2000(11):20-22.

[10] ALM J, MELNIK M I. Sales taxes and the decision to purchase online. Public Finance Review, 2005, 33(2): 184-212.

[11] BROWN J R, GOOLSBEE A. Does the Internet make markets more competitive? Evidence from the life insurance industry. Nber Working Papers, 2000, 110(3): 481-507.

[12] SCANLAN M A. Tax sensitivity in electronic commerce. Fiscal Studies, 2010, 28(4): 417-436.

【波波教授】

08话

探道之一

电子商务

电子商务的发展，必须运用“互联网+”的思路来应对，才能既适应其发展的特点，又约束其发展的缺点。

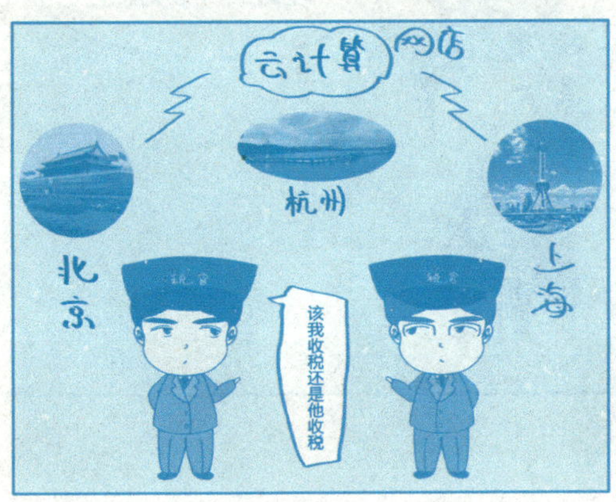

所谓的“电子商务偷逃税”案件，涉案纳税人基本上在“线下”都有主管税务机关，而不少电子商务经营行为由于“线上”征管要素规定不清晰，而存在着一定的模糊税收空间。

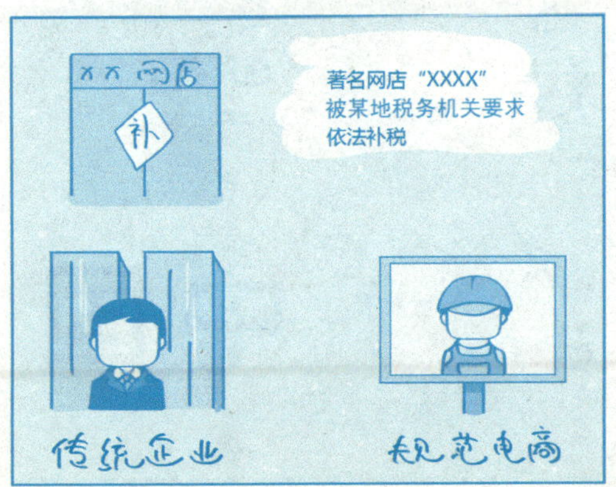

电子商务企业的税负，从规范经营的企业来看，基本与传统商业企业相当，即使略微偏低，也是因为经营方式的互联网化以及发展周期与减税周期的同步形成的。但也不排除一些电子商务企业假借“C2C”之名，存在偷逃税行为，从而税负较低。

跨境电子商务自2016年跨境零售电商政策调整以来，传统进口商与跨境电商平台的税负分布更加合理了，但出口电商零售的支持力度仍需进一步加强和完善。

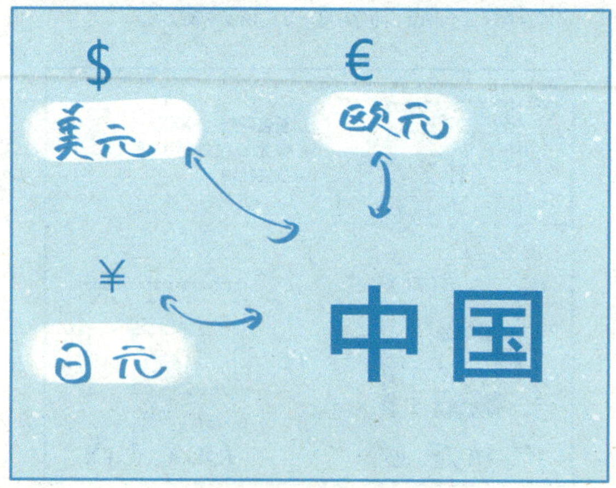

进一步完善电子商务的税收管理，首先应该明确电子商务税收的政策要素，其次应该增加相应各方，尤其是电子商务平台的信息报告义务。

结合社会经济发展需要，进一步完善税收政策，规范和优化电子商务税收优惠政策，促进整体税制的改革和发展。

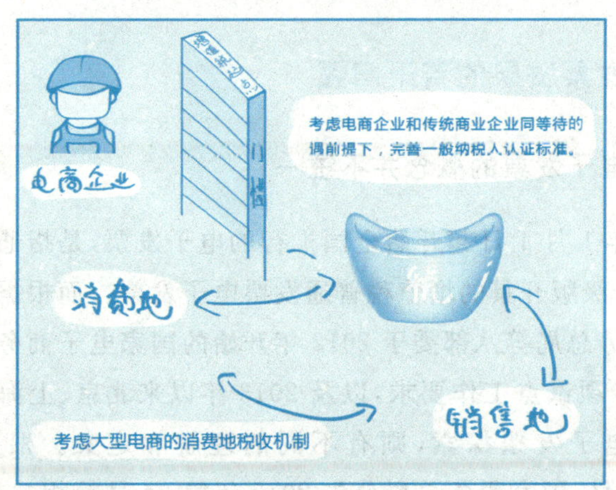

创意&文字：谢波峰　绘图：王玲燕　剪辑：罗梦宇

第7讲 对电子发票发展的思考和建议

电子发票是“互联网+税务”的核心要素，发挥着黏合剂的作用。2015年以来，随着增值税发票系统升级版的推进，电子发票得到了迅速的发展。2016年1月1日起，增值税普通发票电子发票在全国范围推广。电子发票发展态势迅猛的背后，引发了关心税收管理的各界的关注和讨论，对于电子发票的概念和定义、发展模式、成本和收益等焦点问题更是观点纷纭。本讲对相应问题进行思考，并提出进一步健康发展电子发票的若干建设性意见。

一、电子发票发展的若干问题

（一）电子发票的概念并不统一

2016年1月1日起开始全国推行的电子发票，是指通过增值税发票系统升级版开具的增值税普通发票电子发票。而根据国家发改委、国家税务总局等八部委于2012年开始的国家电子商务示范城市电子发票专项试点工作要求，以及2013年以来北京、上海等城市率先开展的电子发票探索，则有不同的理解和定义。根据税总函〔2015〕373号、国家税务总局公告2015年第84号等相关文件，增值税发票系统升级版概念下的“电子发票”要求与八部委专项试点工作概念下的各地试点“电子发票”进行对接。增值税发票系统升级版概念的“电子发票”从主管部门的行政效力上看，具有一定的权威性，但相关文件中并没有给出电子发票的具体特征。

从开展电子发票试点专项的重庆、南京、杭州、深圳、青岛等五个城市，以及电子发票实践开展情况较好的北京、上海等地来看，2015年前颁布了电子发票试点公告或电子发票管理办法的各省市中，电子发票的定义中包括存贮方式、是否需要电子签名、使用环境、电子发票管理系统、涉及各方的权利和义务等要素，其中大部分要素和概念已经取得了一定的共识。

从2015年前颁布的规范性文件来看，达成共识的主要有以下方面：① 电子发票是商品和服务购销过程中的电子凭证，可以单独存在，即可以没有对应的纸质发票；② 电子发票的管理核心仍然是税务管理部门，即使有其他参与方，其他参与方也是在税务管理部门的主导下参与电子发票的业务；③ 电子发票必须保证发票信息正确生成、可靠存储、查询验证、安全唯一等条件。

然而，除此之外，仍然有不少地方有待明确。例如，电子发票的存在形式，是以加密的形式分别存在于用票人、开票人、税务管理机构，还是仅仅是一种简单的电子形式，甚至于以一条电子表格数据的形式存在。又如，电子发票的电子形态与纸质形态的关系，是电子为主、纸质为辅，还是仅以电子形态存在。电子发票概念和定义中类似问题的明确，是电子发票进一步健康发展的基础。

（二）电子发票的运营模式有待进一步细化

根据税务主管部门的文件，我国电子发票运营模式的方向是“税控＋平台”模式，即国家税务总局在增值税发票系统升级版基础上，开发了增值税普通发票电子发票税控系统，同时制订了与各地已推行的电子发票平台系统衔接的改造方案，以此作为电子发票运营的主要模式。该方案的核心是税务管理部门把控了电子发票生命周期的起点和终点，是我国税务管理成功经验的总结，无疑是值得肯定的。然而，在保证运营模式方向正确的前提下，具体路径设计仍存在一定的空间和多种方案选择，需要进一步通过有关文件予以明确。

从政府和市场分工的角度来看世界各国的电子发票运营模式，主要分为三种类型：第一种是政府主导的模式，第二种是市场主导的模式，第三种是政府和市场合作分工的模式。我们可以看到各种运营模式都以某种形式保证了发票的开具、内容的真实可靠性，而其中参与各方的责任和义务、技术方案则各有特色。

从深化市场体制和机制的宏观要求以及我国电子发票市场的微观运营现实来看，我国现有的电子发票模式均体现为第三种模式的特征。在该种模式中，除了规定了所谓的“税控＋平台”方向之外，在电子发票各环节分工合作等细节方面，政府和市场的边界仍有待进一步明确，电子发票各个环节的相关技术标准和参与准入条件有待进一步制定，公平、公开、公正的市场竞争环境有待进一步建立。

（三）一些讨论缺乏科学性和战略眼光

很多讨论都强调电子发票的推出可以解决企业的税务管理成本问题，这毫无疑问是正确的。然而，讨论电子发票的总体成本和效益，不仅应从某些行业、某些企业的角度来考虑，还需要考虑整个发票使用周期的全社会总成本和总收益。例如，在电子发票无法作为有效报销凭证、有效会计档案之前，所谓的节约可能就是一家企业的成本转移成为另一家企业的成本。另外，考虑电子发票的整体效益，必须将减少税收流失的因素纳入其中。如果通过电子发票可以减少1个百分点的流失率，按 2015 年的税收收入 11.06 万亿元计算，则可以减少偷逃税 1 100 亿元左右。更进一步来看，建立基于电子发票的现代税收管理体系的总体收益，必须考虑税收与经济良好互动局面的形成和收益。

更值得一提的是，原有基于纸质发票的成本，也并非属于社会的消耗性成本，而是一个行业、产业链的基础和收入所在。推动电子发票的发展，更准确地说，是以一个更符合社会发展方向、更节约社会资源、更具备创新和科技含量的行业，代替了已不适应税收经济发展的行业的过程。科学地看待电子发票的成本和收益问题，决定着电子发票的定位和功能，影响着电子发票下一步发展的方向和作用。

二、欧盟及我国台湾地区电子发票的经验借鉴

（一）欧盟区域的电子发票发展经验

1. 欧盟区域电子发票发展的进程简介

早在 2001 年 12 月，欧盟以提高增值税发票系统的效率为主题通过了一项关于发票的法案[①]，该法案承认电子发票的法律效力，并要求各成员国于 2004 年开始实施电子发票，并进一步将该法案的主要内容体现在 2006 年修订的增值税系统指引当中[②]。2010 年，根据当时最新的发展情况，对该法案又做了进一步的修改，形成了当前电子发票的基本框架[③]，并要求各成员国于 2013 年 1 月 1 日开始实施。在此基础之上，为了加快推进电子发票的发展，2014 年 4 月欧盟制定了要求各国政府在公共采购中使用电子发票的指引[④]，以激励企业使用电子发票。

---

① Council Directive 2001/115/EC of 20 December 2001 amending Directive 77/388/EEC with a view to simplifying, modernising and harmonising the conditions laid down for invoicing in respect of value added tax

② Council Directive 2006/112/EC of 28 November 2006 on the common system of value added tax

③ Council Directive 2010/45/EU of 13 July 2010 amending Directive 2006/112/EC on the common system of value added tax

④ Directive 2014/55/EU of the European Parliament of 16 April 2014 on electronic invoicing in public procurement

2. 欧盟电子发票制度的主要内容

从已经出台的电子发票相关法律来看,欧盟区域内电子发票制度的主要内容包括以下几方面。

第一,电子发票和纸质发票在法律上具有同等地位。根据已生效的规则,成员国不得对电子发票的使用附加额外的条件,在购销业务当中使用电子发票的唯一前提条件就是客户必须同意使用电子发票。换句话说,就是用于处理纸质发票的流程必须可以适用于电子发票。

第二,根据最新的欧盟电子发票法规,所有的发票,无论纸质发票还是电子发票,必须包括满足电子发票最低要求的数据,但最低标准包括什么内容,各国根据国情仍然对指引进行了相应的解释,存在对发票数据的不同要求。另外,发票格式有完全格式和简化格式两种,对中小企业而言,尤其是在开具金额低于100欧元的发票时,采取简化格式的电子发票,以减轻中小企业的遵从负担。

第三,强调发票电子化过程的企业业务控制。企业通过使用业务控制,在发票信息和实际业务之间,形成可靠的审计踪迹,用于保证发票来源可信、内容完整,而不区分使用了纸质发票还是电子发票。所谓的业务控制是一个宽泛的概念,包括相关责任方(管理层、业务人员等)为提供可信的财务、会计以及监管报告等要求,所制定、实施并且不断更新的措施和流程。

第四,要求发票电子化过程必须确保来源的真实性和内容的完整性,"来源的真实性"意味着确认销方或者发票的开具者(Issuer),"内容的完整性"意味着所需的发票内容没有被修改,并提出了实施的措施。除了以上所提到的抽象的业务控制概念和方法之外,还进一步做了具体的技术规定,提出了使用高级电子签名技术、基于符合要求的证书或者电子数据交换(EDI)等技术手段,并规定了相应的技术指引。

第五,纸质发票必须以其原始状态存档,因此电子发票也必须以它们原始的形态进行存档。如果电子发票通过计算机格式存储，例如 EDIFACT，Tradacoms 或者 XML 等格式，那么电子发票必须以人类可读(Readable)的方式展现。如果通过软件将计算机格式转化成了可读的电子发票，则应该检查可读文件与原始的电子文件之间的转换是否发生了变化。

第六，规定了电子发票保存的一般性要求，并且各国对电子发票保存期限都做了相应的具体规定。为了审计需要，所有的支持文件都必须和电子发票存储在一起。例如欧盟各国要求保证发票真实性、内容完整性和发票可读性的数据也必须以电子方式存储在同一地点。如果采取了业务控制方式，那么相关的数据则是指该过程中相应的支持文件。

（二）中国台湾地区电子发票的发展经验

1. 中国台湾电子发票发展的进程简介

中国台湾的电子发票是指按照中国台湾地区“统一发票使用办法”规定，营业机构销售货物或劳务时，经向主管税务机关申请以互联网或其他电子方式开立、传输或接收的统一发票[①]。

中国台湾地区“财政部”于 2000 年 11 月 29 日颁布“因特网传输统一发票试办作业要点”，于 2000 年 12 月 1 日开始试点电子发票，试点第一阶段的推动重点对象为信息业厂商，第二阶段则以制造业及商业为主。为了进一步协调电子发票推进，2005 年 3 月，由“财政部赋税署”、财税数据中心及台湾各地税务部门共同组成“电子发票推动项目小组”，负责电子发票各项重点工作的推动，并在 2006 年 12 月 6 日将上述办法修改为“电子发票实施作业要点”，准备在积累试点经验的基础上全面推广电子发票。2010 年，台湾地区“财政部”制

① 我国台湾地区的统一发票是由台湾地区财税主管部门制定，在消费者购买商品以后，由商家提供给消费者，并由商家和消费者各自保存的统一制式凭证。

订“全面推动电子发票应用计划”,颁布“消费通路开立电子发票试办作业要点”,积极地全面推广发票电子化,在传统销售领域开始电子发票试点,逐步淘汰纸质发票。全面推广大概分为三个阶段:第一阶段,从2010年12月开始,由两家超商(统一超商、莱尔富)及全联福利中心等27个商家先行启用;第二阶段,从2011年3月开始,新光三越百货公司及家乐福量贩店成为第二阶段的主打商家;第三阶段,从2011年6月开始,扩大实施电子发票至3C连锁店、量贩店业者与宅配业(黑猫宅急便、台湾宅配通等宅配业)。

我国台湾地区在推广电子发票过程中,不断总结经验,更新相关的主要制度。例如,“电子发票实施作业要点”,该文件颁布之后,于2007年10月、2008年8月、2009年10月、2010年11月、2012年12月、2013年8月及2015年11月,多次根据实践情况加以修改完善。

2. 我国台湾电子发票制度的主要内容[①]

我国台湾电子发票的开具方包括自建买方、卖方加值服务中心和独立的第三方加值服务中心等多种类型。无论是哪一类方式开具的电子发票,所有数据都要求发送到“财政部”电子发票整合服务平台来进行统一的整合。其中,第三方加值服务中心既可以协助商家开立发票,还负责代为管理电子发票、与电子发票整合服务平台联结等业务。所谓的“加值服务中心”,是指提供电子发票增值服务的中间机构,它们一般是向主管税务部门申请提供电子发票系统及相关增值服务的第三方企业。而整合服务平台是指由中国台湾地区财税主管部门提供的电子发票相关信息整合的服务平台,职能包括发票存证、税务服务、跨网整合、资料交换、统计分析等。

企业或加值服务中心的电子发票系统,应符合以下规定:第一,要具备加解密机制或其他安全措施,以符合发票内容及传输过程的

① 本处主要参考2013年8月我国台湾地区“财政部”颁布的“电子发票作业实施要点”,2015年底进行的修改并无太大变动,主要针对公用事业等新扩展做了相应的完善。

保密性、完整性、来源可靠性、不可否认性和可归责性；第二，要具备电子发票开具、接收、作废及销售退回、进货退回或者折扣，以及打印电子发票证明联等功能；第三，要符合财税主管部门电子发票数据交换标准。企业或加值服务中心开具电子发票应具备财税主管部门许可、电子签名等，获许经营的企业即获得了电子发票资格，通过电子签名在整合服务平台进行身份认证，或者向加值服务中心申请身份认证后，就可以使用电子发票。

电子发票应有存根联、收据联和存证联。存根联由开立人自行保存，收据联由消费者保存，而存证联由发票开具方传输至财税主管部门电子发票整合服务平台存证。

企业之间使用电子发票，按以下方式进行：第一，在整合服务中心开具或接收电子发票的，由加值服务中心即时交换数据到整合服务中心；第二，购销双方使用同一加值服务中心时，加值服务中心应上传到整合服务中心存证；第三，以自有电子发票系统开具及接收者，卖方应上传到整合服务平台存证。

对于一般消费者使用电子发票而言，所谓的“载具”则发挥了重要的作用。载具指经财税主管部门核准，通过电磁记录记载或者联结电子发票信息的工具。载具有悠游卡（EasyCard，通用于大台北地区的交通卡）、会员卡和 iCash（预付储值卡）、金融卡、手机条码等方式，其中悠游卡属于所谓的“共通性载具”，即经财税主管部门核准，供消费者使用于所有开具电子发票企业的载具，而会员卡一般仅仅限于在发行会员卡的企业使用。使用不同会员卡载具的电子发票，通过“归户”，将已联结于载具下的电子发票信息，再联结至消费者身份识别信息或者通用性载具，进行整合。在购物时只要用载具碰触一下商户的 POS 机，消费明细和发票号码等信息资料就会上传到“财政部”财税资料中心的发票资料库，随后，消费者就可以通过电子发票平台网站查询自己的消费信息。另外，通过手机使用电子发票也非常方便，消费者在台湾地区“财政部”的网络平台登入手机号码，经验证程序后会产生一组专属条形码保存到手机里，消费者在不同商家购物刷这个条形码，就可以统一管理本人的所有电子发票。消费者还可以通过在智能手机上下载电子发票应用 App，使用手机扫描电子发票纸本凭证上的条码，将电子发票下载到手机当中，以便查询使用。

另外，电子发票证明联也是我国台湾地区电子发票运营的重要凭证。电子发票证明联指发票开具企业自留存根档，或者消费者从整合服务平台存证档依规定格式打印的纸质票据，其格式有相应规定，并且一般不打印明细，其中二维条码所记录信息内容也由财税主管部门确定，电子发票证明联一般是为需要获得纸质票据的消费者作为经营原始凭证，以及消费者兑领发票中奖使用。

三、关于进一步推进电子发票健康发展的建议

电子发票虽然存在着以上这些尚未解决的焦点问题，但随着电子发票主流地位的确定，在创新、协调、绿色、开放、共享等社会和经济发展理念指引下，面向纳税人、税务管理部门、涉税第三方的现代税务管理格局将呈现新的机遇，出现广阔的创新空间。为了进一步推进电子发票的快速健康发展，我们建议：

第一，尽快在相关各方中形成发展电子发票的共识。发票是现代社会经济活动中的重要微观基础设施，电子发票的发展将成为推动我国税务管理现代化乃至国家治理现代化的核心微观机制之一。对于电子发票的发展，需要各方凝聚共识，着眼于社会发展的全局大利益，放弃各自局部的小得失，形成税务部门主导、各方参与的合作格局。

第二，尽早出台电子发票管理办法。推动电子发票管理办法及时出台，在明确电子发票(E-Invoices)、发票电子化(E-Invoicing)等重要概念的基础上，厘清发票电子化中开具、传递方式、保存这三个

主要环节的一系列重要技术和概念，完善电子发票运营管理模式，确立“税控＋平台”方向下参与各方的权利和义务。

第三，努力打造税务管理领域企业创新的广阔空间。在电子发票基本制度和模式确立的基础上，鼓励、支持企业参与市场，在基于合作型税务遵从理念的税务管理生态链的各个环节、各个层次，提供多样化的电子发票产品和服务创新。要平衡核心环节税控企业技术性垄断的利弊，抑弊兴利，将需要管控的电子发票核心环节缩小到最低程度，最大程度开放市场，最大限度消除核心环节的必要控制带来的不利因素，甚至可以考虑对非管控环节平台企业提供不对称的倾斜性优惠政策，以形成总体竞争平衡、有序活跃的市场竞争环境。

总之，电子发票作为税务管理新常态的工作抓手，发展趋势和方向是不容置疑的，在澄清和明确关键核心问题之后，在各方的努力推动下，采取有效措施和政策，必然会成为税务管理现代化的坚实微观基础，开创税收治理的新局面。

参考文献

[1] 李平．完善我国电子发票管理的几点建议．国际税收，2016(4)：74-77.

[2] 李斌．以电子发票为突破口 探索税收服务与管理现代化．中国税务，2015(3)：33-34.

[3] 河南省国家税务局电子发票课题组，孙荣洲，付扬帆，等．关于全面推行电子发票的建议．税务研究，2016(12)：104-106.

[4] 谢波峰，刘萧优．欧盟及我国台湾地区电子发票的经验借鉴和启示. 国际税收，2016(7)：70-74.

[5] 谢波峰．莫要误解了电子发票．中国税务报，2015-09-23.

[6] 谢波峰．对目前电子发票争论焦点的思考和建议．北京：中国人民大学国家发展战略研究院，2016-4-21.

[7] 谢波峰．电子票据促“互联网＋政务”融合．中国税务，2017(6)：57.

【波波教授】
06话

释道之二

电子发票

电子发票作为“互联网+税务”的黏合剂，将税务管理内部半环与外部半环联结在了一起。

真正的电子发票应该是不以“纸质载体”为条件的，我国现行的电子发票全称是“增值税普通发票电子发票”。

电子发票于2015年8月1日在北京、上海、宁波、深圳等城市进行试点，于2015年12月1日全面推广并形成的。

电子发票的趋势被各界所认可，我国电子发票的主要架构是所谓的“税控+平台”模式，在这一模式的基础上各家推出了相应的解决方案。

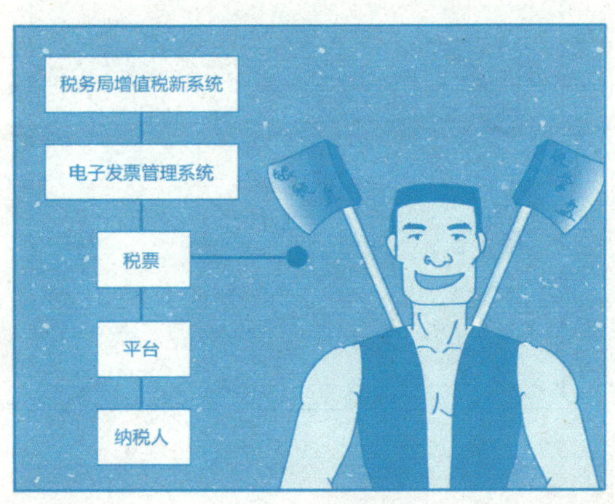

各家解决方案眼花缭乱，却解不了纳税人的愁。

想充分发挥电子发票的"黏合剂"作用，就要打通发票、收票、销票各个环节，不能把企业的"开发票之痛"变成企业的"收发票之痛"。

要在现有的"税控+平台"模式基础上，进一步完善，建立税务局"电子发票信息共享中心"、电子发票开票（服务）中心等多元化的发票服务中心，打通电子发票开票、收票、销票、存票各环节，让电子发票在税务、财务会计、档案管理各业务中畅通运行。

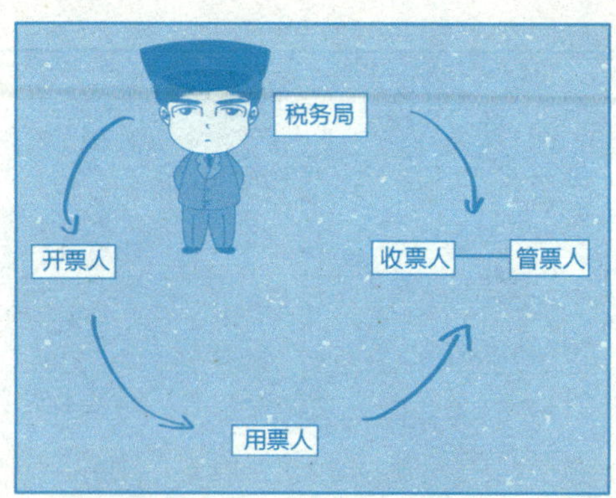

创意&文字：谢波峰　绘图：王玲燕　剪辑：罗梦宇

第 8 讲 互联网税收管理——大数据体系构建[①]

大数据作为“互联网＋税务”的核心基础，是“互联网＋税务”成功的关键所在。因此本讲在前七讲的基础之上，进一步讨论该问题。大数据体系从数据粒度的角度来看，加强基于涉税各方微观数据体系构建成了一项迫切的任务。本文从大数据角度，针对国内外微观数据的获取现状，分析了大数据时代对税收微观数据体系构建提出的挑战和机遇，并以此为基础，提出了基于大数据的税收微观数据体系构建设想，以及需要从中取得的若干关键点。

一、大数据时代税收微观数据体系面临的挑战和机遇

（一）微观数据的意义及获取现状

伴随着信息技术应用的深入，由于微观数据可以用于进一步从结构和分布上分析税收管理和税收政策的效应，所以国内外研究界越来越重视数据的收集和应用。对于我国税收领域的研究而言，应用微观数据更具重要现实意义。许多我国的重要税收问题主要是基

① 本文主要基于 2015 年 1 月《税务研究》发表的《大数据时代税收微观数据体系的构建》改编形成。

于宏观数据进行研究，例如税负的研究，不少研究的角度都是基于宏观数据，这一研究角度往往由于没有考虑到微观纳税人的税收负担分布，而与部分行业、部分企业的税收负担感觉不一致，这一研究现状集中地反映为总体的宏观税负和个别（行业）企业的微观数据相背离，引起了不少争议，甚至演变为中国税务管理主管部门的重要关注点。或许基于微观数据的研究，可以将税负的分布解释得更加清楚。将对税收经济现状的解释寄托于微观数据这一现象，甚至也是其他相关的非税收领域的普遍现象，例如 2012 年年末各界对于基尼系数的争论，在这一争论中，各方一致呼吁国家统计局公布该基尼系数的估算过程和原始调查微观数据，值得注意的是有关研究者指出需要引用税收部门的微观税收申报数据。可以看出，税收微观数据的应用对于深化理解税收领域改革的关键核心问题以及相应社会经济问题具有重要的意义。

从现有研究来看，国内外税收微观数据的获取主要有以下几个渠道。

1. 随机样本

根据随机样本的数据，进行微观税收研究，例如税收流失测算，以美国纳税人遵从测度项目（Taxpayer Compliance Measurement Program，TCMP）和国民研究计划（National Research Program，NRP）项目最为典型。TCMP 项目采取分层抽样的方式，从个人所得税申报表、公司所得税申报表和 S 类公司（符合特定条件的小企业）申报表中随机选取一定数量的数据。

2. 税收日常管理中积累的海量数据

针对采取随机样本的缺点，例如需要大量的人力、物力进行纳税检查，并有一定的时滞，有些国家税务管理当局提出了应用税收管理数据（Operational Data）进行测算的设想。税收管理数据主要包括一定时期内税务部门运用各种税收检查手段，对纳税人进行检查的数据。应用税收管理数据的优点是具有大量样本。

3. 基于税务管理信息系统的海量整合数据

发达国家的税务管理信息化水平都比较高，税务管理信息系统中积累了海量的纳税申报数据、相关的财务数据以及第三方信息。在数据导向建模方式的趋势下，有些国家通过数据清洗，然后进行统计、计量甚至复杂数据建模方式处理，对纳税人数据进行整合，形成所谓的纳税人统一视图数据，以此为基础，进行微观税收数据测算。

4. 其他数据来源

除了以上 3 种主要方式之外，有些研究还探索了其他数据来源方式，如问卷调查(Survey)。

从各国的实践来看，综合各种来源的多种数据，是现有微观税收研究数据来源方式的趋势。

（二）大数据时代税收微观数据体系面临的挑战和机遇

大数据时代的来临给微观数据的获取和应用带来了新的挑战和机遇。首先，所谓“大”数据是指在互联网深入发展的背景下，可以获得的前所未有的海量数据，这些数据无论是从技术上还是应用中，都给主流数据管理平台和数据应用理论带来了相应的挑战，而各界统一认为，这些海量数据的应用可以让数据拥有者得到更具价值的信息。

面临大数据时代的来临，以谷歌首席经济学家瓦里安(Varian)等人为代表的经济学家提出在经济管理中应用大数据的课题，并且做出了一系列的相应研究。例如，Choi and Varian(2009a，2009b，2012)，Askitas and Zimmermann(2009)，D'Amuri and Marcucci(2010)，Guzman(2011)提出使用 Google Search 的数据来预测失业率、通货膨胀、需求、消费者敏感度、住房指数等经济指标，甚至于 McLaren and Shanbhoge(2011)的文章还总结了各国央行通过网络数据来进行经济预测的实践经验。

早在这些以Google数据为中心的研究之前，随着信息化的深入发展，针对随之产生的大量信息与经济运行之间的关系就有不少研究。例如Tumarkin(2002)研究了互联网信息与市场效率之间的关系，Antweiler and Frank(2004)进一步研究了网络论坛对股票价格的影响。在这些研究当中使用智能机器学习各种算法的文本挖掘应用是其中的核心技术。

在税务领域当中，对于大数据时代各种信息的应用也是近些年的一个重要话题。DeBarr(2004)的研究提到美国国税局(IRS)早在2004年前后就尝试通过关系型挖掘技术来发现海量纳税人数据中的遵从信息。针对高收入人群的非法利用避税方法的现象，应用了支持向量机的数据挖掘方法，使用2000—2003纳税年度的数据，该模型识别了不少高收入纳税人不遵从的税收案例，每个案例都涉及上百万美元的偷逃税额。当前，各国税务部门都在积极探索相关方面的研究，OECD的税务管理比较系列(2011a)提到，在OECD国家中，例如德国、荷兰、瑞典等国家的税务部门，设计了网络爬虫，以收集相关的电子商务交易数据用于税务管理和税收政策制定。在OECD最新的关于社交媒体技术在税务管理中的应用的研究中(2011b)提出了税务管理中可以应用来自于社交媒体的有用信息，包括博客、社交网络、合作性质的维基百科类、互动类论坛、RSS和小插件、微博(推特)等多种形式。

对于税收微观数据的应用领域，大数据时代的来临，既是挑战也是机遇。通过整合不同来源的微观数据，更好地解释纳税人的行为，以制定更为合理的税收政策，取得更加公平和高效率的税收效果。以我国房地产税收调控为例，税收部门掌握的涉税房地产数据，基本是静态的历史数据，而由于缺失能够反映不断发展的房地产市场的交易数据，使得相应政策的制定和对效应的评估变得较为困难。

在我国的税务管理和税收政策应用中，大数据的形成已成初步态势。根据 2010 年前后金税三期立项需求的不完全统计，当时全国国税部门的数据量约为 17 901GB，地税部门数据量约为 13 068GB，并且还在以每月 378GB 的速度递增。另外，对于大数据的数据体系和应用也有一定的探索。例如，在各地税务部门税收风险管理数据应用中已经基本验证，通过第三方数据的获取，对所研究的行业税收流失测算模型的准确度得到了提高。这些已有的实践，都反映了大数据的形成对税务管理和税收政策制定的潜在机遇。

二、构建基于大数据的税收微观数据体系所存在的问题

（一）数据层面

虽然微观数据积累已经较多，但仍存在一些问题。例如聂辉华等(2012)提出，广泛使用的工业企业数据库中存在不少应用问题，包括数据口径、不同来源数据的匹配等。在税收数据的应用中也发现了类似的问题，例如毕威迪数据库(BvD)提供的中国企业财务信息分析库收录了超过 30 万家中国内地上市与非上市公司、企业的财务分析数据，经与某市税务部门的征管数据进行对比发现，仅看主营业务收入、主营业务成本、营业外收入、管理费用、营业费用、财务费用等七项主要指标，均存在一定比例的差错率。对于构建基于大数据的税收微观数据体系而言，数据层面存在的这些问题是首先需要解决的基础性问题。

（二）分析理论和应用

面向大数据的分析建模，是对微观数据分析方法领域的新挑战。虽然，以托宾(J. Tobin)、赫克曼(J. J. Heckman)和麦克法登(D. L. McFadden)为代表的经济学家提出的针对选择性抽样调查数据和有限选择数据的微观数据分析方法，已解决了对微观数据进行统计分

析中出现的基本问题。然而对于海量数据中的分析理论,仍然存在一些重要的问题。例如李子奈等(2010)指出,如果有1 000组样本观测值,只要拟合优度达到0.008,则该模型在1% 显著性水平下总体显著性检验通过。是否存在着对应于海量数据的分析方法和判断原则,是否能够扩展出统一适用于不同容量数据的分析方法体系和原则,是一个值得探索的、具有重要意义的理论问题。

除了传统分析方法的进一步发展之外,在新方法的探索上,对于大数据,已经出现了面向复杂数据的机器学习法,包括决策树、随机森林、支持向量机、神经网络等诸多不同算法,但在可解释性、方法论科学性上有待进一步完善。

(三) 数据公开体系的建设

随着大数据的出现,数据公开体系建设缺失的问题更加突出。例如,从我国历年的税务统计年鉴来看,公开的税收统计数据只有税收收入完成情况(分区域)、税收收入统计数据(包括分行业、分税种、分类型等)以及纳税登记户数统计情况,几乎没有其他相关数据可以查询。《中国统计年鉴》中,税务统计信息归类于财政部分,其中可以获取的数据也是分类税收收入情况。各政府部门网站能查到的信息也比较少,在中国,官方负责发布税收数据的部门是财政部,但在财政部网站上可查到关于税收方面的数据基本只有按季度和按年度的税收收入情况分析。而其他部门,如国家统计局和国家税务总局网站税务部门内部每月都会出具统计分析报告,对税收增减情况进行分析。但是这些分析报告,一是不对外公开,公众一般情况下是无法获取这些资料的;二是这些报告涉及内容有局限性,其分析的主要目的是为了完成税收任务,并不是出于纳税服务的目的,即使公开也无法满足公众的需要。宏观数据方面的情况尚且如此,更不用说微观数据的获取了。迄今为止,中国税务部门还没有提供过纳税人个体方面的微观数据库。

国外情况稍好一些,在微观数据方面,基于TCMP和NRP计划，美国国税局(IRS)向美国研究界提供了具有代表性的连续微观纳税人样本，并在 NBER 的主持下，形成了税收模拟(TAXSIM)项目，为税务研究者提供可用的数据(Daniel Feenberg，1993)。IRS 从法律环境、机构设置、数据发布范围、数据质量、指标体系等多个方面对美国的税收数据进行公开，甚至在 IRS 内部负责数据的部门 SOI 还会出具其他一些受公众欢迎的统计数据，如运营成本、IRS 聘用职员人数、网页统计数据等。另外，SOI 每年会出具一份年度数据报告(IRS Data Book)，其中包含该财政年度的各类税收数据。在奥巴马政府上台后，美国联邦政府公布了一个新数据门户网站 Data. Gov，可以获取各政府部门的原始数据。美国政府创立 Data. Gov 的首要目标是改善联邦数据的利用率，并鼓励政府加快透明化，让数据开放达到一个前所未有的水平。国际上推出类似于 Data. Gov 的数据公开网站的还有英国和新加坡等国。

这些已有的研究和问题都在表明，对于我国税务部门而言，“大”数据时代的来临已经是一个不争的事实。构建基于大数据的税收数据体系，联系国民经济和社会发展的重要税收问题，创新分析方法，提高税收管理和政策决策水平，已成为迫切需要研究和解决的问题。

三、基于大数据的税收微观数据体系的核心工作

(一) 大数据环境下税收微观数据体系的形成

基于大数据的税收微观数据体系框架首先应该关注的问题是综合不同来源税收微观数据形成微观税收大数据体系，具体而言，包括以下工作。

1. 非税务部门、非传统渠道(主要是网络分布数据)的数据收集、清洗

大数据时代税收管理与政策分析的需求不仅仅限于税务管理部

门已有的信息系统获得的征管和财务数据，而是需要整合更多来源的信息，包括其他政府管理部门等第三方提供的结构化数据和其他来源的数据，尤其是动态发展中的来自于信息网络互动中的涉税信息，以实现大数据时代所谓“数据互联”的要求。典型的非税务部门非传统渠道数据的特点是分散式、非结构化等，对于这些数据需要考虑数据的有效收集机制，并对收集的数据进行清洗。

2. 非结构化数据的结构化转换

根据税收政策和税收管理的需要，按照工作中的不同的数据粒度要求，对非结构化数据进行结构化转换。

3. 不同来源纳税人数据的匹配

来自不同来源的数据，必然存在着相互之间不匹配的问题，简单的不匹配问题仅仅是个体在不同系统中的标识符(例如税务管理中的纳税人识别号与商业数据库中企业代码的不同)，甚至于出现个体消失问题。数据匹配问题类似于经济研究中数据的弥补和插值问题，以解释不同来源数据的拼接，形成相对完整的数据信息全图，并将最终形成大数据模式下的微观纳税人税收信息数据库。

(二) 基于大数据的微观税收数据分析理论及模型构建

本部分核心工作的主要内容是研究大数据时代数据分析的理论，分析不同市场(包括传统市场和新兴电子商务领域)的税收经济机制，研究重要的税收政策和管理问题。具体工作包括：

1. 大数据的数据分析理论

针对大数据的数据分析理论需要进行创新探索，不能仅仅局限于相对模糊的智能学习方法等分析理论。基于大数据的税收微观分析理论目标的实质是多维变量空间的数据分析理论，可以简单描述如下：

$$y_i = f(x_{i1}, x_{i2}, x_{i3}, \cdots, x_{in})$$

其中 $x_1, x_2, x_3, \cdots, x_n$ 可以构成 n 维空间，$n=1,2,\cdots,n$；

多维空间样本点为（$y_i, x_{i1}, x_{i2}, x_{i3}, \cdots, x_{in}$）。

其中的关键科学问题是将若干个多维空间样本点（$y_i, x_{i1}, x_{i2}, x_{i3}, \cdots, x_{in}$）构成的小样本群适用的已有传统分析理论一般化，以适用于全部多维空间样本点当中，并且建立具有理论统一性的方法解释、有效的估计方法、科学的模型判断体系。

2. 大数据模式下的税收管理与税收政策推断

本部分的工作是应用大数据分析理论，在大数据空间中，对关键税收管理和税收政策问题进行研究。可以设想的研究目标举例如下：第一，建立适合于不同市场、包括各项因素的纳税人遵从模型，测算微观层面的税收流失问题，尤其是探索电子商务市场的税收流失问题；第二，结合中国税制改革核心问题，结合纳税人行为因素（如 2011 年个人所得税费用扣除标准征求意见过程中，网络民意表达反映了重要的纳税人涉税行为模式及诉求），建立既考虑经济因素，又反映部分行为因素的较全面的税收政策改革效果分析模型。

（三）大数据环境中的税收数据应用

大数据并不意味着迷失于数据海洋中，其只是更加突显大数据模式下，更需要建立以税制改革、纳税服务和加强征管为核心的税收数据应用，通过应用体现数据的价值。除了将税收微观大数据应用到各种税收政策分析和税收管理问题之外，各界最为重视的一项应用就是税收数据公开体系。在这一体系中税收数据会形成透明、可追溯、具有公信力的体系，既有面向公众的税收政策效应、社会效应（公平效率）等核心指标，又有面向税收科研专业人员进行科学研究的微观数据样本库。这一体系包括以下主要应用。

1. 微观纳税人数据样本库建设

建立既考虑抽样代表性，又可以保护纳税人隐私，用于税收科研的,类似于 TAXSIM 的中国纳税人微观数据样本库及使用程序包(China TAXSIM)。

2. 税收指标和税收效应公开体系建设

在大数据微观税收体系基础上,经过分析加工,建立反映税收收入或税源受政治、经济、税收政策以及其他因素影响的变化情况的税收管理和税收政策核心指标,建立分析数据公开、分析模型透明、结论可重复的税收政策效应分析公开体系。这些核心指标和政策效应的计算方式和原始数据在一定程度上可以追溯。

3. 可追溯数据公开方法及模拟实现

可追溯数据在引用中可以追溯到数据源及相应数据的产生方式,将大数据分析应用所形成的税收指标、税收遵从和税收政策效应研究结论用于其他研究论文和报告中,实现对所引用的核心税收指标和效应数据进行追溯,避免大数据环境中"各说各话"的陋习更为加重。

需要说明的是,以上三个主要分析应用可以针对某一具体税收政策问题的研究进行组合,在实施过程中,将根据一般的应用内容,把具体问题在三个方向进行具体对应。因此,在各个具体政策问题分析中,将会出现不同应用的重叠。这一场景类似于以前数据仓库应用中的所谓"数据集市"。

以上三项核心工作可以形象地如图 8-1 所示。

图 8-1 将三项主要核心工作形成了基于大数据的,面向税收管理和税收政策应用的,由多来源采集原始数据、大数据(推断)分析理论和模型、公众和专业人员多用途分析结论公开使用三个层面构成的相对完整的体系。

借用"细节决定成败"的共识,基于大数据的税收微观数据体系的构建甚至关系到税收制度深化改革任务的顺利完成。从这一意义来看,虽然构建这一体系存在许多难点,但其价值所在决定着对待该

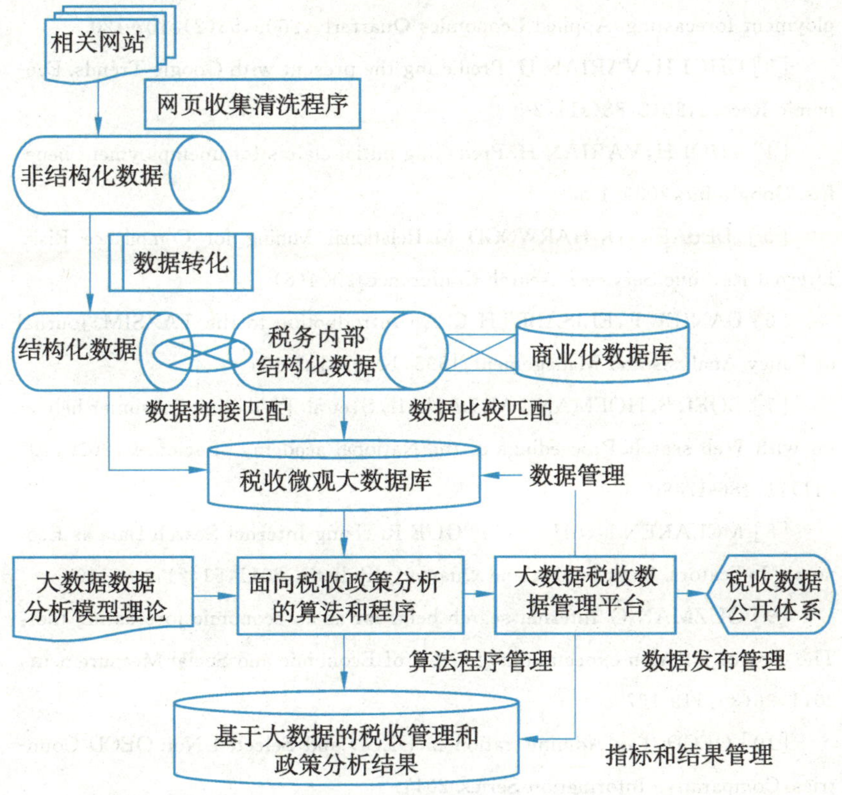

图 8-1　基于“大数据”的税收管理和政策分析应用框架

项工作必须迎难而上。以上所提出的基于大数据的税收微观数据体系的核心工作仅仅是勾勒出一个粗略的框架，希望能为针对这一方面所做的进一步的探索，起到抛砖引玉的作用。

参考文献

[1] ANTWEILER W，FRANK M Z. Is all that talk just noise? The information content of internet stock message boards. Journal of Finance，2004，59(3)：1259-1294.

[2] ASKITAS N, ZIMMERMANN K F. Google econometrics and unemployment forecasting. Applied Economics Quarterly, 2009, 55(2): 107-120.

[3] CHOI H, VARIAN H. Predicting the present with Google Trends. Economic Record, 2012, 88(s1): 2-9.

[4] CHOI H, VARIAN H. Predicting initial claims for unemployment benefits. Google Inc, 2009: 1-5.

[5] DEBARR D, HARWOOD M. Relational Mining for Compliance Risk. Internal Revenue Service Research Conference, 2004(6).

[6] DANIEL F, ELISABETH C. An Introduction to the TAXSIM. Journal of Policy Analysis and Management, 1993, 12(1): 189-194

[7] GOEL S, HOFMAN J M, LAHAIE S, et al. Predicting consumer behavior with Web search. Proceedings of the National academy of sciences, 2010, 107 (41): 17486-17490.

[8] MCLAREN N, SHANBHOGUE R. Using Internet Search Data as Economic Indicators. Bank of England Quarterly Bulletin, 2011, 51(2): 134-140.

[9] GUZMAN G. Internet search behavior as an economic forecasting tool: The case of inflation expectations. Journal of Economic and Social Measurement, 2011, 36(3): 119-167.

[10] OECD. Tax Administration in OECD and Selected Non-OECD Countries: Comparative Information Series. 2011.

[11] OECD. Social Media Technologies and Tax Administration. 2011.

[12] OECD. Compliance Risk Management: Progress with the development of Internet Search Tools For Tax Administration. 2011.

[13] OECD. Using Third Party Information Reports to Assist Taxpayers Meet their Return Filing Obligations—Country Experiences. 2006.

[14] OECD. survey of Trends and Developments in the Use of Electronic Services for Taxpayer Service Delivery. 2010.

[15] TUMARKIN R. Internet message board activity and market efficiency: a case study of the internet service sector using RagingBull. com. Financial Markets Institutions & Instruments, 2010, 11(4): 313-335.

[16] 李子奈,齐良书．计量经济学模型的功能与局限．数量经济技术经济研究,2010(9):133-146.

[17] 李国杰,程学旗．大数据研究:未来科技及经济社会发展的重大战略领域——大数据的研究现状与科学思考．中国科学院院刊,2012,27(6):647-657.

[18] 李青．我国个人所得税对收入分配的影响:不同来源数据与角度的考察．财贸经济,2012(5):37-44.

[19] 葛静,谢波峰,朱晓燕．美国税收数据公开对我国的启示．中国物价,2014(2):78-80.

[20] 聂辉华,江艇,杨汝岱．中国工业企业数据库的使用现状和潜在问题．世界经济,2012(5):142-158.

[21] 杨志宏,易维国,黄河舟．税务公开的国际借鉴与建议．国际税收,2008(2):59-62.

[22] 谢波峰．大数据时代税收微观数据体系的构建．税务研究,2015(1):92-95.

第9讲 基于大数据的税收经济分析和预测探索

在现有的税收经济预测理论和实践当中，大数据的出现为理论的完善和实践的发展提供了契机。本讲在大数据体系构建的基础之上，探索了税收经济分析和预测方面的应用。首先总结了税收经济领域现有的主要研究进展，然后归纳概括了大数据在税收经济分析和预测中的特点和主要特征，最后针对我国税收经济分析和预测的大数据应用提出了若干设想和展望。

一、经济和税收领域分析和预测的发展

（一）国外大数据在经济研究中的典型案例

随着大数据在经济研究中关注度的不断提高，以下几个经典案例已经成为大数据应用的范例。

(1) 皮卡蒂(Piketty)和 Saez 通过使用 IRS 的长期数据来研究分配的不平等现象。近些年被中国经济学家熟知的法国经济学家皮卡蒂以其著作《21 世纪新资本论》成为世界经济圈的明星，该著作的核心支撑是通过对 IRS 数十年的不同收入等级纳税人的大数据进行挖掘得到的，这一研究对应用大数据进行包括税收经济在内的经济研究的价值给予了充分的证明。

(2) 通过大数据计算价格指数。例如在美国，Cavallo A 等人推

出了著名的万亿商品价格计划 BPP(Billion Prices Projects)项目，通过 50 多个国家在线网站的数据来计算零售价格的变动，由此替代传统计算居民消费价格指数(Consumer Price Index，CPI)的办法。这一类似做法在一些拥有商业网络的公司并不鲜见，例如 VISA、Master Card 等信用卡平台。

(3) 结合网站搜索数据进行所谓的实时预测(now-casting)。最著名的例子就是 Google 公司首席经济学家瓦里安(Varian H R)等通过 Google 搜索指数，对当前的经济情况进行预测，由于这种预测比传统的经济预测方法更为及时地反映了当期的经济情况，所以被称为“now-casting”。

(4) 研究长序列的儿童教育效果。Chetty R 等人使用了近 20 年来 IRS、纽约市政教育部门的数据来研究儿童教育的长期效应，该研究指出更好的教育大约可以带来四分之一的收入增加。

除此之外，Levin J 等人在电子商务领域通过大数据研究消费者的行为方式，也是传统研究方法无法达到的。

对于这些大数据在经济分析中的应用，Varian 和 Levin 等人指出：现代经济学要与数据打交道，而传统分析用的是样本等小数据，随着经济交流的日益频繁和技术水平的提高，数据量越来越大，大数据的出现使得传统经济学分析方法在分析时显得捉襟见肘。

近年来，随着机器学习热点的形成，Athey S 等经济学家进一步开始探索和归纳机器学习在经济分析中的应用。

(二) 国内大数据在经济研究中的情况

从国内的情况来看，由于应用方面相对创新性不是很理想，首先来介绍大数据的整理和收集情况。

1. 大数据方面

(1) 行业经济指数。从国内的研究来看，在 Google 公司等大数据应用先锋的启发下，百度、腾讯、阿里巴巴等互联网企业纷纷启动相应的基于大数据的行业经济指数。例如基于搜索情况,推出全行业、中小企业、大企业点击量景气指数等大数据指标,通过与全行业、中小企业、大企业消费量景气指标进行对比,发现对应的景气指标之间具有一定的联动性。

除了互联网企业通过互联网数据形成行业经济指数之外,拥有大数据的传统企业也推出了不少新颖指数,例如中国银联和清华大学数据科学研究院在2015年推出的"清数银联智策指数",是基于银联卡结算的数据形成的行业指数。中国银联拥有超过50亿张借记卡和信用卡、超过8亿持卡人和1 500余万商户的消费数据。基于中国银联借记卡、信用卡的消费数据,还推出了房地产业指数、高端酒店指数及餐饮服务指数等。

(2) 新兴的统计数据。通过新的角度、新的方式,产生新的统计数据,也成为大数据时代的发展方向。新兴统计数据包括对新兴经济的统计、网络CPI统计以及基于在线购物平台的消费指数等,典型的代表有新经济指数(New Economy Index,NEI)、基于互联网在线数据的居民消费价格指数(Internet-based Consumer Price Index,iCPI)、淘宝网络零售价格指数(Internet Shopping Price Index,iSPI)等。

① NEI。由于新经济领域的崛起相对而言是较为新鲜的事物,针对传统经济指数形成的分析和预测往往有些吃力。2016年4月前后,被李克强总理多次提及的BBD新经济指数在这一方面做出了相应的尝试。NEI指标体系首先梳理了新经济行业,包括制造业与服务业等9个类别,分别考察高端劳动投入、优质资本投入和科技与创新投入(分别代表了新经济发展的劳动力投入、资本投入、科技与创新投入)等一级指标和11个二级指标的情况。针对这些指标,需要基于大数据理念,采集大量的非传统信息。例如根据2015年发布的信息,为了生成NEI指标,采集了以下信息:企业网络招聘的信息(5 200万条)、网上公示的新成立企业工商登记信息(270万条)、风

险投资数据、网上的招标投标数据(370 万条)、三板上市数据、各类专利数据等。

② iCPI。2016 年 11 月，清华大学经济研究所推出了 iCPI 指数，类似于上文提及的国外 BPP 项目，对我国的居民消费价格进行实时性的在线搜集和在线分析。图 9-1 是该指数推出不久后，对 2016 年"双十一"的价格指数的分析。

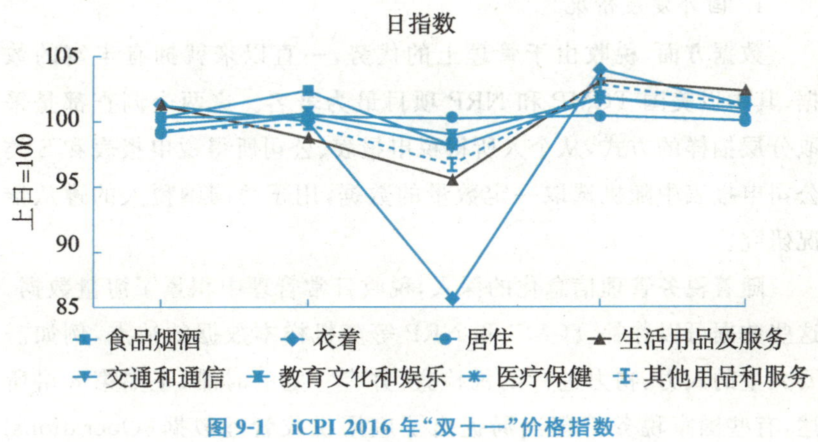

图 9-1　iCPI 2016 年"双十一"价格指数

③ iSPI。网络零售价格是概括网络零售交易商品一般价格水平的指标，它建立在淘宝交易平台汇聚和实时积累的海量交易行为数据基础之上。淘宝网是国内最主要的网络零售交易平台，基于淘宝网的 iSPI 可以大体反映国内网络零售渠道的一般物价变动。

2. 基于大数据的研究和应用

这些年国内针对基于大数据的经济分析和预测方面，也有不少研究成果。中国学者通过学习和总结大数据在经济应用的发展，基于中国数据，对宏观经济的 CPI，失业率重要变量的预测与新方法、新指标的结合做出了相应的探索。在实践方面，对宏观经济监测预测也进行了相应的探索，并且在模型算法方面进行了较新的尝试，基于网络数据进行算法改造，将实时预报和短期预测进行结合。

（三）税收经济分析和预测

作为经济分析重要组成部分的税收经济分析，既具有一般性的特点，又有着相对独立的一些特色，在大数据应用方面，也有一些最新的发展情况。

1. 国外发展情况

数据方面，税收由于管理上的优势，一直以来就拥有丰富的数据，其中以美国 TCMP 和 NRP 项目最为著名。这两个调查都是采取分层抽样的方式，从个人所得税申报表、公司所得税申报表和 S 类公司申报表中随机选取一定数量的数据，用于美国纳税人的遵从情况研究。

随着税务管理信息化的深入，税收日常管理中积累了海量数据，这些数据可以弥补 TCMP 和 NRP 等随机样本数据的缺点，例如需要大量的人力、物力进行纳税检查，并有一定的时滞，正如第 8 讲所述，有些国家税务管理当局提出了应用税收管理数据（Operational Data）的设想。税收管理数据不仅包括纳税人正常申报给税务管理部门的各种数据，还包括一定时期内税务部门运用各种税收检查手段，对纳税人进行检查的数据。应用税收管理数据的优点是可以在具体税务管理活动中产生大量样本，而不必专门花费大量时间和金钱进行调查。

拥有这些数据的各国税务管理部门早就在探索应用，其中有美国、德国、荷兰、瑞典等国的税务部门，数据抓取的方式包括网络爬虫在内的多种方式，并且较早地使用了支持向量机等机器学习方法，详细情况如前所述。

2. 国内现状

(1) 关于税收分析和预测的理论研究。在国内对税收收入预测的研究中也产生了不少优秀的成果，涉及对相关的税收收入能力估算的探讨、各种预测方法的研究等，内容不仅包括了各种传统计量模型的应用，系统动力学、神经网络等新方法的引入，还涉及税收滚动预测实践经济的总结，并且也吸取了不少国际实战经验。

近年来，在这些研究和实践的基础之上，针对大数据的应用也开始了相关探索。例如构建微观数据体系的应用已应用于纳税评估体系，并开始涉及基于大数据的算法改进。总体来看，基于大数据的税收分析和预测正在现有方法和应用基础之上，逐渐得到相应的重视，具有广阔的发展空间。

(2) 大数据的发展。值得一提的是，我国税务领域积累了可观的大数据，为进一步的研究奠定了良好的数据基础。包括以下两种主要的数据。

第一，税务管理数据。在中国税务领域，由于纳税人数量众多，涉税事项多种多样。在我国的税务管理和税收政策应用中，大数据的形成已成良好态势。根据2010年的不完全统计，当时我国税务部门(国税，地税合计)数据总量约为30TB。据了解，2015年前后，苏州市国家税务局就已经建立了税务系统首个基于Hadoop的大数据体系。

2015年4月1日起，随着增值税发票升级版的正式运行，所有存量纳税人将不断纳入发票管理系统，并且在2015年12月1日全国推广电子发票。随着营业税改增值税(以下简称“营改增”)试点在2016年5月1日的全面推广，据不完全估计，在营改增推广前，全国增值税专用发票数量超过2.4亿张，因此可以预期，在营改增后，将形成基于电子发票的税务管理大数据。

第二，税收调查数据。除了在税务管理信息系统中通过重点税源管理分析系统(Taxation Resource Analysing System，TRAS)对重点税源企业进行监控外，我国税务系统还借鉴了国外的税收微观数据库建设经验，为了进一步掌握税源情况，国家税务总局从2006年开始开展全国税收调查，对税收经济情况进行了深入了解。全国税收调查覆盖了国民经济所有行业的纳税人，包括优惠政策等重要事项的数据，是其他数据（包括规模以上工业企业数据或经济普查数据）等力不能及的。

二、对基于大数据的税收经济分析和预测的简单概况

通过上文中对大数据在经济和税收领域分析预测现状的介绍，本文在大数据的4V（Volume，Velocity，Variety，Value）等一般特征基础之上，对税收经济领域大数据的应用特征进一步做如下概括。

（一）更长、更宽的序列

1. 变量变"长"

在前文提到的大数据典型案例中，大数据技术的应用在税收经济研究中，不仅可以具有更多的观测样本，还可以回溯到更远的过去，在一个更长的时间序列中观察税收经济变量的长期变化规律。由于时间拉长，往往比较短时空中呈现的微弱变化更加明显，增强了可识别性。

2. 变量变"宽"

在前文提到的大数据应用典型案例中，Varian H R等将互联网搜索情况纳入分析预测考虑的变量，即根据使用Google浏览器进行搜索的情况，将搜索关键词分类，形成上千个关键词，对这些关键词的搜索次数进行标准化、指数化之后，用以研究和预测某一方面的发展变化。许多基于大数据的研究还将变量选择视野拓宽到传统领域之外，提出了不少新颖的变量。

3. 粒度变"活"

一直以来，对于宏观数据与微观数据之间的衔接对应，由于数据的原因，总是感到有些力不从心。这一状态，在大数据时代或许有所

改观。正如有些研究提出的宏观、微观数据的“混搭”探索一样，在大数据的支撑下，或许可以建立处在多个不同数据颗粒度下的分析，并在不同粒度下获得更多的了解和发现。

（二）新的研究方法

在大数据的支撑下，经济分析方法和模型将出现新的进展。以 Varian H R 在 Google 大数据上的预测应用为例，可以发现，根据预测的目的，可以将搜索指数与传统模型进行结合。例如，对汽车的预测，通过在传统的时间序列模型中加入搜索指数，改善模型的预测效果，如式(1)所示：

$$\begin{aligned}\log(y_t) &= 2.312 + 0.114\log(y_{t-1}) + 0.709\log(y_{t-12}) \\ &\quad + 0.006\, x_t^{(1)} \\ \log(y_t) &= 2.007 + 0.105\log(y_{t-1}) + 0.737\log(y_{t-12}) \\ &\quad + 0.005\, x_t^{(1)} + 0.324I(july2005)\end{aligned} \tag{1}$$

式(1)中，x_t 是加入传统时序模型的 t 期的搜索指数，$t-1$，$t-12$ 分别表示滞后 1 期和 12 期的数据，加入 $I(july\ 2005)$ 是因为该处有一个异常值需要处理。从预测判断的错误百分比(PE)、平均绝对错误(MAE)等指标来看，加入了谷歌趋势(Google Trends)搜索指数的模型，对预测结果有一定的改善。

除了在数据上引入大数据的理念之外，在模型方面，现有的研究也做了积极的尝试，例如引入现有的理论方法进行大数据情况下的模型优化。在一般的模型表述形式中，如式(2)所示：

$$y_t = \alpha + \beta x_t + \varepsilon_t \tag{2}$$

方程中 y_t 是估测向量，ε_t 是估测偏差，而所谓的“胖数据”，是指向量 x_t 中维度数量远大于 t 的长度，由于向量 β 大部分元素为 0，所以可以通过所谓的 Spike-and-Slab 变量选择回归。

近年来，随着机器学习热点的形成，苏珊(Athey Susan)等经济学家进一步开始探索机器学习在经济分析中的应用。机器学习是一个广义的名词，而在狭义的定义上，机器学习则可以分为有监督学习和无监督学习，具体包括 CART，Boosting，Bagging，Bootstrap，LASSO 等一些具体方法的应用。传统的计量经济学模型是指定某个模型后，通过其他备选模型来检验其顽健性。与计量经济学方法相比，许多机器学习方法是通过交叉检验来选择模型的，即机器学习反复在部分数据上估计模型，再在另一部分数据上检验模型，然后通过复杂度的惩罚项，找到最合适的模型。这种特点被概括为所谓的施加约束性（Regularization）和系统性的模型选择（Systematic Model Selection），在更长序列、更宽变量、更多粒度选择的大数据经济分析环境下，或许将会变成经济学实证分析的标配。

另外，虽然普遍认为机器学习中只注重基于相关关系的分析和预测对于因果推断还很不足，但部分学者已经开始了探索，例如 Kolesar M 等人在理论层面的分析，还有一些研究者将机器学习应用到因果推断中，通过改变目标函数，将需要估计的因果效果通过定义一个算法来优化，从而能够测量因果关系。比如，苏珊（2015）通过将随机森林模型改造用于估计个体处理效应，通过个体特征的模型，可以呈现对于某个具有特定特征的群体如何对价格进行变化。

（三）新的理论发现

在新数据、新方法的支持下，在包括税收经济在内的经济理论方面，或许会有一些新的发现。例如争论许久的税收经济理论问题（一致性减税还是结构性减税好，流转税制还是所得税制好等）可能会出现一丝新曙光。另外预测理论中的一些难题（如是否存在着能够应对突变的一般性理论模型和估计方法）也将有所突破。

更值得一提的是，在基于大数据的经济分析和预测方面，新的变量、新的方法和新的理论这三个特征之间应该存在互相推进、齿轮联动的有机关系，在某一方面的推进，必将推动其他两方面的进展。

三、基于大数据的税收分析和预测体系探索

在现有国内外的研究基础之上，将基于大数据的税收分析和预测体系分解成了以下两大目标：第一，涉税大数据的获取和处理，依托大数据技术，抓取、清洗、分析税收分析和预测所需的涉税信息；第二，通过传统方法和创新方法的结合，开展税收分析和预测分析，以提高分析预测工作的科学化和智能化水平。围绕这两大目标，构建相应的总体方案。

大数据体系的构建由于在前一讲中已经提及，这一讲中我们就略过了。在大数据数据体系和理论体系的基础之上，本讲涉及的任务主要是基于大数据的税收分析和预测体系探索。

（一）大数据应用方法和模型库

基于大数据的各类应用方法和模型库，包括数据描述、统计分析、传统计量分析、新兴机器学习等各层次方法，尤其是进一步加强适合税收经济分析和预测的机器学习方法模型库的积累。近年来，随着机器学习热点的形成，机器学习是一个广义的名词（broad term），而在狭义的定义上，机器学习则可以分为有监督学习和无监督学习。属于有监督学习的算法有回归模型、决策树、随机森林、K 近邻算法、逻辑回归等。属于无监督式学习的算法有关联规则、K-means 聚类算法等。在更长序列、更宽变量、更多粒度选择的大数据经济分析环境下，机器学习或许将会变为数据分析领域的标配。

（二）大数据环境中的税收分析和预测应用

大数据并不意味着迷失于数据海洋中，其只是更加突显大数据模式下建立基于大数据的税收数据应用体系的必要性，通过这个体

系更加能够体现和挖掘税收大数据的价值。在税收分析和预测数据管理平台的支撑下，包括以下两项主要的应用。

(1) 基于大数据的税收分析和预测结果指标。将分析预测模型和算法用于大数据，产生税收分析和预测结果指标。

(2) 税收预测结果公开体系。在大数据税收分析和预测结果指标的基础上，经过分析加工，建立反映税务系统、政府部门、社会公众等不同群体关注的税收分析和预测结果，体现不同群体的关注重点，形成分析数据公开、分析模型透明、结论可重复的税收分析和预测公开体系。

(三) 重点和难点

在以上框架体系的支撑下，其中涉及的重点工作如下。

(1) 探索和形成基于大数据的若干税源变量，包括建立若干重点行业点击量景气指数、重点行业关键词指数序列、重点产品和服务点击量景气指数(可以考虑在卷烟、酒、纺织品、煤炭、原油、成品油、电力、化工产品、机械运输设备、钢坯钢材、有色金属、建材、服务皮革、电气器材、电信设备等领域及金融服务、建筑、租赁和商务服务业、住宿餐饮业、房地产业等重点行业中，选择数据基础好、可行性较强的若干行业)以及抓取在线交易商品和服务信息，生成涉税居民消费品价格指数。

(2) 基于大数据的税源数据，整合税务内部大数据，建立重点行业税收分析和预测模型，设想是在国家税务总局分析预测模型基础之上，加入以上构建的大数据变量，探索应用与现在大数据匹配可行的新模型和新方法，形成基于大数据的税收收入分析和预测模型。

(3) 推出重点行业税收预测的公开体系。在以上工作的基础上，根据税务部门、政府管理、纳税人、其他经济分析部门等不同群体需求，尝试推出部分重点行业重要指标的税收分析和预测，以有利于相关部门和企业的决策。

从各行各业的大数据实践以及笔者的前期探索来看，以上设想工作的展开预计会存在以下困难。

(1) 税收分析预测和相关大数据源的确定。由于不同部门工作需求的不同，税收分析预测所需的相关税源数据可能并不存在，需要通过系统性调查研究确定税收收入分析领域与哪些互联网大数据联系比较紧密，来源于哪些互联网数据源（搜索、微博、特定网站等），根据可行性，确定相应的获取方案。

(2) 多源数据的融合。来源于不同部门的数据必然存在着数据口径的不同，甚至随着时间的变化，各部门自身的数据也会发生口径差异，而税收经济分析必须融合多部门的数据，因此工作中必然会碰到税务部门数据与大数据来源数据的融合问题。

(3) 基于大数据的模型构建。对于大数据而言，传统的税收经济分析模型已经碰到困难，探索"胖数据"等特征的大数据模型成为应用大数据发现更多税收经济规律的核心所在。

本文通过梳理大数据在经济和税收领域的国内外发展情况，概括了基于大数据的税收经济分析和预测的三个主要特征，并尝试进一步构建基于大数据的税收分析和预测框架体系，为推进该领域的发展做出初步的探索。

参考文献

[1] CHETTY R, FRIEDMAN J N, ROCKOFF J E, et al. Measuring the Impacts of teachers i: evaluating bias in teacher value-added estimates. The American Economic Review, 2014, 104(9): 2593-2632.

[2] CAVALLO A, RIGOBON R. The billion prices project: using online prices for measurement and research. Journal of Economic Perspectives, 2016, 30(2): 151-178.

[3] CHOI H,VARIAN H. Predicting the present with Google trends. Economic Record,2012,88(S1):2-9.

[4] EINAV L,LEVIN J. Economics in the age of big data. Science,2014,346(6210):1243089.

[5] VARIAN H R. Big data:new tricks for econometrics. Journal of Economic Perspectives,2014,28(2):3-27.

[7] ATHEY S. Machine learning and causal inference for policy evaluation//The 21th ACM SIGKDD International Conference on Knowledge Discovery and Data Mining. New York:ACM Press,2015.

[8] 刘涛雄,徐晓飞. 大数据与宏观经济分析研究综述. 国外理论动态,2015(1):57-64.

[9] 张崇,吕本富,彭赓,等. 网络搜索数据与CPI的相关性研究. 管理科学学报,2012,15(7):50-59.

[10] 袁庆玉,彭赓,刘颖,等. 基于网络关键词搜索数据的汽车销量预测研究. 管理学家:学术版,2011(1):12-24.

[11] 陈龙,王建冬,窦悦. 基于互联网大数据的宏观经济监测预测研究:理论与方法. 信息化研究,2016(10).

[12] 彭赓,苏亚军,李娜. 失业率预测研究:基于网络搜索数据及改进的逐步回归模型. 现代管理科学,2013(12).

[13] 刘汉,刘金全. 中国宏观经济总量的实时预报与短期预测:基于混频数据预测模型的实证研究. 经济研究,2011(3):4-6.

[14] DEBARR D,HARWOOD M. Relational mining for compliance risk. Washington:Internal Revenue Service,2004.

[15] OECD. Tax administration in OECD and selected non-OECD countries:comparative information series(2010). Paris:OECD,2011.

[16] 谢波峰. 大数据时代税收微观数据体系的构建. 税务研究,2015(1):92-95.

[17] 刘尚希,孙静,王亚军. 大数据思维在纳税评估选案建模中的应用. 税务研究,2015(10):7-11.

[18] 孙存一,王敏．基于大数据算法的纳税遵从风险的行为轨迹与动机．税务研究,2015(10):16-20.

[19] KOLESAR M, CHETTY R, FRIEDMAN J, et al. Identification and inference with many invalid instruments. Journal of Business & Economic Statistics, 2015, 33(4):474-484.

第10讲

面向大数据的税收管理应用模式及政策建议[①]

本讲进一步从税收管理的角度，对大数据应用进行了总结。从顶级科研期刊 *Science*、*Nature* 提出大数据这一研究领域以来，包括我国在内的各国税务管理部门就纷纷开始尝试大数据在管理中的各种应用，试图发现更多规律，进一步提升管理效率。本讲中总结了各国税务部门大数据应用的实践经验，归纳了尝试更多方法的引入、分析对象的进一步拓展、应用场景更加丰富、与管理行为改进联系更紧密等方面的经验借鉴，进一步分析了税务管理领域应用大数据时的"大范围、大规模、大地位"三大特征，提出了面向大数据的税收管理应用模式：在分析中使用更长、更宽、更活的变量序列；采用新的分析方法和模型；在新的理论指导下的应用。最后，从理念上、应用做法和成果应用三个主要方面提出了相应的政策建议。

一、各国税务管理部门应用大数据的经验总结

其实，在大数据这一概念风靡之前更早的时期，不少国家就开始探索如何发挥征收管理中积累的海量数据的应用价值。例如，在IRS，DeBarr(2004)的研究提到 IRS 早在 2004 年前后就尝试通过关

---

① 本文对 2017 年 4 月发表于《国际税收》杂志上的文章进行了改编。

系型挖掘技术来发现海量纳税人数据中的遵从信息，该局针对高收入人群非法利用避税方法的现象，应用了支持向量机的数据挖掘方法，使用 2000—2003 年纳税年度数据建立的模型识别了不少高收入纳税人不遵从的税收案例，每个案例都涉及上百万美元的偷逃税额。近些年来，随着具有 4V 特征的大数据技术的进一步应用和推广，各国在应用大数据的场景方面更加丰富（OECD，2016），获得了不少值得借鉴的经验。

（一）尝试更多方法的引入

面对丰富的大数据，从前受制于数据的方法，其选择空间明显变大。以逃税分析为例，各国税务部门除了应用传统的计量统计模型外，还尝试了不少新的方法，不少国家（爱尔兰、荷兰、新西兰、新加坡等国）的税务部门通过社会网络分析（SNA）帮助发现增值税轮盘诈骗（Carousel Fraud）。SNA 方法是一种社会科学研究方法，其通过将大量交易数据进行关系分析，推测出可疑群体之间的联系，并进行形象化展示。澳大利亚和爱尔兰税务部门在识别不正确扣除申报和未申报收入的应用中，探索了无监督学习模型（Unsupervised Learning Methods）的使用。无监督学习模型针对事先不确定的不遵从纳税人和遵从纳税人的混合样本群，自行发现数据内在的性质和规律，从而实现混合数据的自动分类，这种方法充分体现“让数据说话”的应用原则，与传统的监督学习型模型偏重于理论及经验的指导相比较，更容易发现以往不知道的数据模式。通过这种方法，澳大利亚和爱尔兰税务部门发现了不少以前未知的税收风险特征。

（二）分析对象的进一步拓展

大数据可以将税务管理中的分析对象从单个纳税人分析进一步拓展到相关的各种主体。前面提到的社会网络分析就是将分析对象从单个纳税人拓宽到一组纳税人，帮助税务管理部门分析团伙税收犯罪情况。这种案件通过单个企业进行分析往往无法发现可疑之处，通过 SNA 方法，识别各个企业之间的关系，包括各公司高层之间的关系、银行账户往来、共享的办公电话等，将这些单独的纳税人拼装形成一目了然的团伙，便于税务风险管理人员在集团范围内发现风险。分析对象的拓展还可以通过业务流、现金收入流等关系进行。例如在美国，税务部门通过模型将交易分析拓展到现金流中相关纳税人，从而发现低申报的不遵从现象。除此之外，澳大利亚税务部门将同一税务中介的纳税人归类在一个模型中进行分析，形成了针对统一税务中介层面的不同纳税人风险检测。

（三）应用场景更加丰富

这些年来，税务部门收集的大数据除了针对征收管理方面之外，还包括纳税人沟通情况、调查问卷、政府其他部门的公民管理数据、银行部门信用记录等各方面数据，因此潜在的应用场景也更加丰富，可以进一步在纳税服务、欠税管理等其他领域应用。例如，新加坡税务管理部门 IRAS 从 2014 年开始，通过分析各种数据，在改进涉税事项通知设计、自助纳税工具等方向进行了相应的拓展。值得一提的是，IRAS 将来自于纳税人的文体信息抽取、清洗、结构化，通过交互式的流程，在分析团队和业务人员之间形成紧密合作，使得文体分析的流程和结果更符合纳税人服务的语境。例如，在一项税收政策变化之后，经分析发现纳税人经常关心的问题发生了变化，IRAS 就会在网站及时推出更新的纳税指南，并且主动推送更新给相应的纳税人，因此减少纳税人咨询 IRAS 的次数。而新西兰税务局以客户为中心，整合顾客抱怨、调查结果以及风险管理数据，得到更全面的纳税人数据，然后进行情感分析和问题抽取，推出了针对来自遵从纳税人和不遵从纳税人的抱怨个性化处理应对措施。

（四）与管理行为改进联系更紧密

通过大数据分析与实验经济学等其他相关领域的综合应用，各国税务部门在管理行为改进方面更加具有积极主动性。例如挪威税务管理部门通过实验经济学方法，进行处理组和控制组的效应分析，获取不同的告知方式对纳税人申报境外收入的不同反应，然后针对不同类型的纳税人采取更有效的告知方式，提高境外收入的申报。英国税务管理部门借助“助推理论”(Nudge Theory，一种行为经济学和社会心理学的混合理论，解释该理论最通俗易懂的例子就是设置一串可爱的脚印来引导方向，而不是常规的指路牌，形成垃圾入桶等更好的生活习惯)，通过模型预测不同类型纳税人的申报风险，然后通过控制实验分析不同类型风险纳税人的行为反应模式，采用最有效的信息提示和导引方式，帮助和推动(所谓“助推”)纳税人自我遵从税收法律。

二、对大数据在税收管理中应用特征及模式的探索

在各国税务部门的各种税收数据分析应用中，我们可以看到在税务管理部门的应用中，除了各种领域一般具有的所谓“4V”的特征之外，还可以进一步概括成以下层次的理解，并总结归纳为若干主要的应用模式。

（一）大数据在税收管理中应用的特征

第一，这种“大”体现在范围上，是通过税务部门以外的大范围数据来源，把不同部门、不同业务，甚至于不同表现形式的数据汇集形成一个新的大集合。

第二，这种来源于不同部门的新数据集合，所形成的规模是我们以前没有处理过的“大”，大到接近能够拥有的总体数据，以至于不能

够称之为样本数据。

第三，这种近乎总体的数据集，在各项工作方法和手段中取得了首要的地位(我们可以戏称为“老大”)。现状分析、形势判断、工作规划等各项事务都要把大数据的应用和地位排在第一位的位置。

通过以上三个递进的特征，即“大范围数据”“数据大规模”“数据大地位”等与“大”直接挂接的特点，进一步定位了大数据的来源、规模和地位等重要问题。在把握以上3个“大”的特征的基础之上，我们可以探索大数据在税务管理中的应用模式。

(二) 应用模式探索

一定的应用模式有利于迅速定位大数据利用的方向，不断形成数据应用的积累。从国内外实践情况和理论研究来看，有以下主要模式可供选择。

1. 在分析中使用更长、更宽、更活的变量序列

(1) 变量变“长”。所谓变量变“长”，就是在大数据环境下，能够收集到比以前分析环境下更长时间的变量序列，这种更长的时间序列，不仅短期暂时性的波动干扰在更长时空中体现的变化变得微弱，而且趋势性的微小变化会由于时间的拉长更加明显，这可以让我们观察变量的长期变化规律，增强了我们的识别能力。

(2) 变量变“宽”。所谓变量变“宽”，实际上是指纳入若干以往传统分析中没有考虑过的新变量，新变量一方面来源于大数据环境下对以往拥有变量价值的重新认识，另一方面来源于数据变“大”之后拥有了新的变量。在数据变“宽”方面，尤其值得注意的是，来自于互联网收集的纳税人数据经过整理对接之后，分类、标准化、指数化之后所形成的可用数据变化。许多基于大数据的研究将变量选择视野拓宽到传统领域之外，提出了不少新颖的变量，产出了不错的应用效果。

(3) 粒度变“活”。这方面的应用主要指宏观数据与微观数据之

间的衔接对应。一方面由于大数据包括了不同粒度的数据，可以从微观汇总到中观(例如行业或区域)，中观到宏观，从而可以在不同的分析层面灵活地运用数据；另一方面，可以发现和检验宏观数据分析与微观数据分析之间存在的一些不匹配状态。另外，我们还可以探索宏观微观数据的混搭应用，建立多个不同数据颗粒度形成的组合数据分析，获得更多的了解和发现。

2. *采用新的分析方法和模型*

正如国内外关于税务管理大数据应用的实践所指出的方向一样，无论在原有的数据基础之上，还是新形成的大数据环境中，采用新的分析方法和模型都是一种值得尝试的模式。新的分析方法和模型的应用大致包括以下两类。

(1) 加强不同模型的组合应用。根据数据对象的不同和分析任务的不同，通过分类模型将数据分开，进一步通过不同的分析模型得到分析结果。以风险分析为例，这种不同的分析结果既包括风险概率的推测，又涉及具体风险指向的分析。这种组合应用还包括针对不同分析对象分析模型的链接。

(2) 引入新的分析方法和模型。近年来，在不断涌现的新分析方法和模型中，最引人注目的莫过于机器学习方法，各国税务管理部门和研究机构都在探索机器学习在税务管理中的应用。如前所述，与计量经济学方法通过理论和经验选择模型相比较，许多机器学习方法在算法上具有更适应大数据特点的优势，或许将会变成税务管理数据分析的标配。

3. *在新的理论指导下的应用*

在新数据、新方法的支持下，在指导数据分析的经济和管理理论方面，或许会有一些新的发现，类似应用正如前文所介绍的“助推”理论启示下，结合实验经济学的方法设计管理行为，纳入分析框架中。可预期的理论除了上述提及的行为经济学和社会心理学方面的理论,还会来自于不断完善的税收遵从理论。例如近些年来基于经典的A-S模型拓展形成的遵从坡面模型(S-S模型)(谢波峰,2015a),该模型进一步全面分析促进遵从的强制力、信任度等各方面因素。这些新理论的引入,使得以往数据分析侧重于现有模式的挖掘之外,还开始在税务管理方法的效果分析、行为设计等主动分析方面开启新的窗口。

更值得一提的是,以上基于大数据的税务管理数据分析的新的变量、新的方法和新的理论这三种模式之间应该存在着互相推进的齿轮联动有机关系,在某一方面的推进,必将推动其他两方面的进展。

三、推进我国税务管理大数据应用的若干建议

在借鉴和分析国内外应用经验基础之上,上文中我们已经提出对应用模式的主要设想。作为目标和蓝图,从我国税务管理部门现有的应用现状出发,为了深化我国税务管理部门的大数据应用,建议可以在以下方面着力。

1. 在应用理念上,摆正大数据应用的地位,既不神秘化,也不贴标签

有些应用中存在着这样一个误区:一方面认为大数据神奇得无所不能,另一方面是把所有的数据应用工作都贴上大数据的标签。认为大数据无所不能,会由于现实的数据质量、应用能力等方面的差距,造成理想的应用设想和现实的应用结果落差太大,从而失去对大数据应用的信心。把所有的数据应用工作都认为是大数据应用,则容易停留在现有的数据应用水平,而无法迈向真正的大数据应用。一定要恰如其分地认识到大数据应用的效果,客观地分析所处的阶段,在具有大数据、可以推行大应用、能够期望大价值(谢波峰,2015b)的场景中勇于创新,不具备条件和能力的时候实事求是,积极

准备并落实大数据应用条件,争取早日达到应用大数据的成熟阶段。

2. 把握好“从小到大,从局部到全面”的大数据应用实施路径

从讲求实效的大数据应用做法来看,一条较为实用的路径应该是从小到大,重视小数据的应用、局部领域的应用,在小应用中发现问题,积累经验,积少成多,将成熟的小应用转化形成大数据环境下的大应用,在大数据中进一步验证和扩大效果。要辩证把握大数据应用和小数据应用的关系,大与小并非绝对对立,大部分情况下大数据应用需要小数据的探索,甚至于在数据分析理论中,小数据的探索性分析往往是大数据应用的第一步,然而在需要大数据才能纵览全局的情况下,也要果断上马大数据应用项目。在这一路径中,要充分鼓励基层的创新应用,研究总局和省局集中式的高级分析团队与基层分析小组的混合分布式布局,做到既有统筹和管理,又有各地积极性的发挥空间。

3. 尊重数据应用的规律,注重反馈,重视成效

要重视大数据分析结果与实践应用的对比反馈,要敢于分析和面对大数据应用的功过,不扩大数据分析的效果,也不回避实践工作暴露出的分析过程中存在的问题,一定要避免大数据分析和实践工作“两张皮”的现象。通过分析差距,提升大数据分析的针对性和准确性,提高大数据分析对实践工作的指导作用,真正做到“用数据说话”。同时,在应用导向的基础上,借鉴快捷开发理念,固定和推广成熟的分析模块,并且逐步总结通用功能和模块,形成并完善大数据分析平台。

总之,本文在总结各国大数据在税务管理应用中最新经验的基础之上,进一步提炼了大数据应用的“三个大”的特征,归纳了“三个新”的应用模式,并且从理念、实施路径和成果应用等主要三方面提出了相应的政策建议,努力为我国税务管理部门应用大数据提供有益的参考和建议。

参考文献

[1] DEBARR D, HARWOOD M. Relational Mining for Compliance Risk. Washington: Internal Revenue Service, 2004.

[2] OECD. Advanced Analytics for Better Tax Administration: Putting Data to Work. Paris: OECD Publishing, 2016.

[3] VARIAN H R. Big Data: New Tricks for Econometrics. Journal of Economic Perspectives, 2014, 28(2): 3-27.

[4] 谢波峰."互联网+"时代的税收风险管理.中国税务,2015(8):34-35.

[5] 谢波峰.大数据时代税收微观数据体系的构建.税务研究,2015(1):92-95.

第11讲 互联网经济中的税收政策

互联网经济涉及电子商务、O2O模式、互联网金融等多个领域，其包括的税收问题既有共性的，也有与特殊商业模式相关的。互联网经济商业创新中，有些可以套用原有的税收政策体系的创新方式，例如电子商务中的店铺红包可以按折扣销售进行涉税处理，还有一些商业模式创新给现有的税收政策体系带来了相应的挑战。本讲通过梳理典型的互联网经济创新模式，并分析造成现有税收政策和管理落后创新业务的内在原因，进一步提出解决该问题的思路。

一、典型的互联网经济模式创新及税收问题

（一）电子商务中的各类非货币支付方式

所谓的非货币支付方式，形式上一般包括现金券、折扣券、优惠券、红包、积分等。借鉴企业所得税重组中非股权支付方式的相似概念，我们把通过银行卡、第三方支付、现金支付等货币支付方式之外的形式称之为非货币支付。

这一类非货币支付方式还可以按来源的不同大致分成两类：一类是商家直接免费送给客户的，与电子商务平台无关，典型的就是店铺红包、兑换券、消费积分等。在满足一定的条件时可以使用，直接抵扣消费金额，商家按抵扣后的实际金额收到款项，并按收到的金额向客户开具发票，抵扣金额不开具发票。这种情况的涉税处理可以

类比传统线下销售的折扣销售。二类是电子商务平台或第三方支付平台提供的通用性非货币支付方式。在电子商务活动中，客户消费符合条件时直接抵扣应付金额，但商家仍按抵扣前的金额全额以货币形式收到款项。营改增之后的税收政策环境中主要产生了两个涉税问题：一是涉及的消费者和平台分别支付部分的销售金额以及相应的适用税率问题，尤其是平台支付部分是应该按购买的商品适用相应增值税税率，还是按商业辅助服务适用 6%的税率；二是实际上购销双方之外的第三方替电子商务的消费者支付了抵扣款项，这部分支出如何定性？是否可以允许第三方平台在其企业所得税税前扣除？

（二）共享经济中的税收问题

顾名思义，共享经济指的是需求方通过租、借等共享形式来取得物品的使用权，而物品所有者和供给方则通过这种共享取得收益。

近些年来共享经济发展迅速，根据《中国共享经济发展年度报告(2018)》的数据，2017 年我国共享经济继续保持高速增长，2017 年我国共享经济市场交易额约为 49 205 亿元，比 2016 年增长 47.2%。其中，非金融共享领域交易额为 20 941 亿元，比 2016 年增长 66.8%。从市场结构来看，2017 年我国非金融共享领域市场交易额占总规模的比重从 2016 年的 37.6%上升到 42.6%，提高了 5 个百分点；金融共享领域市场交易额占总规模的比重从 2016 年的 62.4%下降到 57.4%，下降了 5 个百分点。共享经济主要集中在交通出行、房屋短租等领域，典型的有已逐步成熟的网络约车、旅游出租和新兴的共享单车。共享经济的税收困境典型地反映在网约车服务的税收政策和管理上。

2016 年 7 月 27 日，交通运输部、工信部等七部委联合出台《网络预约出租汽车经营服务管理暂行办法》(以下简称《暂行办法》)前，网络约车服务的税收政策适用模糊，典型地反映在发票开具上，发票的名目各种各样，包括出租费、咨询服务费、代驾劳务费、约车服务费、服务费等。在《暂行办法》出台之后，该情况得到了一定程度的改善。《暂行办法》第二十条规定，“网约车平台公司应当合理确定网约车运价，实行明码标价，并向乘客提供相应的出租汽车发票。”第二十三条规定，“网约车平台公司应当依法纳税。”《暂行办法》第五条第2款规定，申请从事网约车经营的，应当具备开展网约车经营的互联网平台和与拟开展业务相适应的信息数据交互及处理能力，具备供税务等相关监管部门依法调取查询相关网络数据信息的条件。但仍然有共享平台提供的打包服务中如何清晰划分具体适用税目的问题，如网约车服务划分交通服务和信息服务之间，出租房屋中的住宿服务、租赁服务、餐饮服务、旅游服务之间，其服务和所得性质面临划分困难的问题。

（三）互联网金融的税收

互联网金融正处于发展阶段，与之相伴的是，理论与实务界对互联网金融的认识也在不断发展变化过程中。根据现阶段的认识，依托于网络技术的金融可以划分为两类，即真正的互联网金融和传统金融的互联网化。2015年7月18日中国人民银行等十部委发布《关于促进互联网金融健康发展的指导意见》（银发〔2015〕221号，以下简称《指导意见》）对当时比较混乱的互联网金融行业进行了一些基础性的原则界定，将互联网金融明确区分为互联网支付、网络借贷、股权众筹融资、互联网基金销售、互联网保险、互联网信托和互联网消费金融六种业态，并实施分类监管。与传统金融相比较，就创新性而言，互联网金融的主要存在形式包括第三方（互联网）支付、P2P网络借贷、众筹等形式。这些形式由于与传统金融存在不同，产生了一定的税收政策和管理的问题。

在第三方支付方面，微信支付衍生出来的红包问题就是一个典型案例。根据各地税务机关处理类似实务的做法，参照税务部门有关内部文件的政策口径，关于红包的主要涉税业务处理如下：第一，对个人取得企业派发的现金网络红包，应按照偶然所得项目计算缴纳个人所得税，税款由派发红包的企业代扣代缴；第二，对个人取得企业派发的且用于购买该企业商品（产品）或服务才能使用的非现金网络红包，包括各种消费券、代金券、抵用券、优惠券等，以及个人因购买该企业商品或服务达到一定额度而取得企业返还的现金网络红包，属于企业销售商品（产品）或提供服务的价格折扣、折让，不征收个人所得税；第三，个人之间派发的现金网络红包，不属于个人所得税法规定的应税所得，不征收个人所得税。但抽象的税收政策在具体丰富的税收实践面前总是有些不足，例如对于如何区分企业和个人发放的问题，在操作性方面就略显苍白。

在第三方支付方面，随着第三方支付市场的不断扩大，近几年来第三方支付机构陆续改变了以往不收费的经营模式，逐渐推行收费模式。中国人民银行于 2010 年 6 月 21 日发布《非金融机构支付服务管理办法》（中国人民银行令〔2010〕第 2 号），规定非金融机构支付服务实行许可制度，明确了第三方支付业务的金融业务属性，将第三方支付正式纳入金融监管体系。随着业务属性的明确，在营改增前的税收框架下，第三方支付就其收取的手续费按照“金融保险业”税目缴纳营业税，营改增后，按照“直接收费金融服务”缴纳增值税。

在 P2P 网络借贷平台方面，税收政策和管理相对落后一些。自 2007 年国内第一家 P2P 网络借贷平台“拍拍贷”成立以来，网络借贷呈快速发展态势，截至 2014 年 6 月，全国 P2P 网络借贷平台达 1 263 家，但监管层的监管态度一致不甚明朗，导致 P2P 性质界定不明。实务界及学术界存在“准金融机构”与单纯“信贷服务中介”的争议，税收征管受其影响也存在诸多不确定性。征管实践中，P2P 网络借贷平台征税情况主要可以分为就其提供的信息、咨询服务收取的服务费按“服务业”税目征收增值税，或在界定为准金融机构的情况下按照“金融保险业”税目征收增值税两种。另外，因法律规定缺位及 P2P 网络借贷平台技术方面的局限，大多数 P2P 网络借贷平台并未就借贷中债权人取得的收益进行代扣代缴。

(四) 数字经济的税收

互联网的发展、电子商务的出现改变了一部分商品的存在形式，事实上已使商品从“有形”变为“无形”，进一步模糊了产品和服务的界限，这一问题典型地反映在所谓的数字经济问题上，甚至于BEPS行动计划的第一项就是“应对数字经济带来的挑战”。针对这一问题世界贸易组织(WTO)早在1999年的一个工作报告中就曾指出，数字化产品的销售将日渐取代其同等实物形式产品的销售。一些产品以数字化的形式通过网上电子信息的传递实现销售，使传统的以产品实物形式确定征税对象的有关税法规定遇到了难题。

数字化产品的税收问题，集中地体现在苹果公司移动平台的App store上。对于我国境内应用开发者而言，根据和苹果公司签订的合同以及其他条件(包括支付方式等)，境内开发者与App store的关系可能是以下三种：第一种，向App store销售软件产品，获得收益，同时向苹果支付平台费用或佣金，这里的软件产品理解为产品——销售货物；第二种，按照“营改增”适用的税收政策规定，境内开发者上传App属于研发服务与技术转让服务，就是开发者向苹果公司转让专利技术或非专利技术的所有权/使用权的业务活动；第三种，上述涉税行为还可以适用“信息技术服务”的税收政策。

二、对互联网经济税收政策问题的理论分析

上述的税收政策和管理问题虽然体现在具体适用政策的明确上，然而，当我们进一步抽象到现行税收政策的理论分析框架上来看时，可以发现是由于互联网经济与传统经济的运行模式发生了较大变化，才导致的税收政策问题。

现行的增值税理论上虽然是针对销售产品和服务的纳税人的增加值征收，但出于对税务管理的效率和成本考虑，采取的是所谓的

“环环征收、链条抵扣”模式，即通过销项税额减进项税额的方式，间接实现对增加值的征税。排除进销项的时间差、链条断裂、税收优惠等特殊情况，在传统经济模式下，增值税的这种征收方式的确可以通过降低重复课税、对增加值公平征税，促进生产效率的提高。

然而在互联网经济模式下，又有其特殊性，具体原因有以下几方面。

第一，由于链条的输入端和输出端的多元化造成链条模式的不适应。在输入端，传统的供应商一方面可以多元化，更重要的是，所谓的“平台”将供应商的多种产品和服务统一打包整合。第二，工业生产模式的大规模批量生产转变成为“大规模定制”，个性化的产品和服务的出现，使得链条的输出端也进一步多元化。第三，工商模式的传统分工模式日益模糊，工业企业通过电子商务向下游消费端扩展，商业企业向上游生产端整合。第四，现代产业结构的调整，体验经济的兴起，使产品和服务的价值链条逐步从“硬”到“软”，进一步影响了产品和服务的传统界限。第五，新商业模式的兴起，所谓的“羊毛出在猪身上，让狗来买单”，商业价值实现环节的多元化选择，使得链条式增值税管理失去了传统的锚点。如图 11-1 所示。

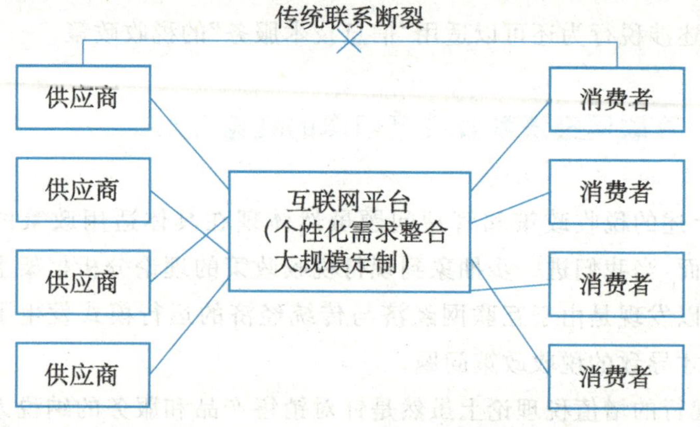

图 11-1　互联网经济模式示意

三、关于互联网经济下税收政策深化改革的思考

第一，短期内，在减税降负的大周期下，优化税收政策，将合理的产业流程中的税收负担进一步降低。在这一方面，制药产业不再将试制药视同销售的税收政策处理就是一个良好的典范。将税收政策的减税过程放在互联网经济背景下考虑，避免部分环节的减税变成了其他环节的增税。

第二，在管理制度上的配套改革。要充分利用互联网经济的特长，在交换各部门管理信息的基础上，改进以往传统思路下通过的所谓的"三流一致"的税收管理思路，科学判断真实应税行为，在打击恶意偷逃税行为的同时，尽可能地鼓励和扶持商业模式创新。

第三，从长期来看，我国税制的确需要向直接税为主的税制结构转换。由于互联网经济的深入发展，最终在传统链条模式下的流转税制结构可能会逐步淡出，而将形成在零售终端环节的销售税以及针对部分特殊产品和服务的消费税，通过直接税来完成筹集收入、调整产业结构和促进收入公平等主要任务。

总之，本文通过对互联网经济主要模式的税收问题进行简要概括总结，分析了传统链条式与互联式经济发生的变化，认为在互联网经济逐步形成过程中，必须同步调整税制结构和管理方式，最终形成与互联网经济相匹配的现代税制。

参考文献

[1] 刘磊，钟山．互联网金融税收问题研究．国际税收，2015(7)：56-60.

[2] 高运根．BEPS 行动计划 1、成果 1 数字经济面临的税收挑战．国际税收，2014(10)：15-17.

[3] 谢波峰．如何确定分享经济课税边界．中国税务报．2017-9-13.

[4] 延峰，冯炜，崔煜晨．数字经济对国际税收的影响及典型案例分析．国

际税收,2015(3):15-19.

[5] 杨晓雯,韩霖. 数字经济背景下对税收管辖权划分的思考:基于价值创造视角. 税务研究,2017(12):53-56.

[6] 张丽芳. 跨境云计算的国际税收问题. 国际税收,2014(8):33-36.

[7] 张斌. 数字经济对税收的影响:挑战与机遇. 国际税收,2016,(6):30-32.

【波波教授】
09话

探道之二

互联网经济的税收政策

"互联网+"的发展，出现了不少崭新的经营模式和新鲜事物，例如，在支付、出租、文化娱乐等领域出现的各大互联网公司。

由于税收政策的特点，虽然纳税人对这些新鲜事物有些不适应，但也采取了一些措施，开始关注。

对于这些新事物的税收政策， 不能说是十分完善，仍存在一些需要商榷的地方。

短期内，当然可以通过不断打补丁来完善税收政策，但应该分析内在原因，系统性地解决该领域的问题。

核心的问题是传统的链条式生产已经逐步被网状生产方式替代。

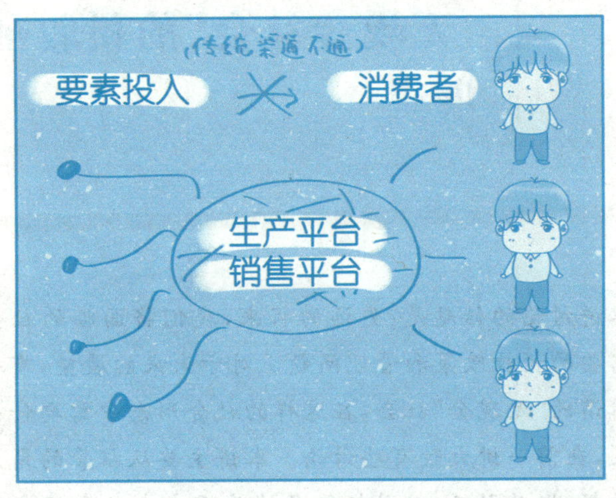

因此，必须尽快调整税制结构和管理方式，加快形成与互联网经济相匹配的现代税制。

创意&文字：谢波峰 绘图：王玲燕 剪辑：罗梦宇

第12讲

“无现金社会”的税收征管展望

本讲讨论的话题是：更远的将来，我们将面临的社会经济形态所需要的税收政策和管理问题。对于未来的展望，有一种说法就是所谓的“无现金”社会，在这样的社会形态中需要什么样的税收政策，在前一讲大致有些讨论。本讲主要从征管的角度进行了一些设想，抛砖引玉，以引起更多的关于未来社会经济形态的税收管理的真知灼见。

早在1970年前后，由于计算机在金融行业的应用开展，就有人开始讨论“无现金”社会带来的影响。在20世纪90年代前后，这一话题又以电子货币的形式出现。随着互联网的普及，越来越多的交易在互联网上进行，已经存在的电子支付方式慢慢被新兴的支付方式挑战或取代，尤其是比特币、手机移动支付等互联网支付手段的出现，使得所谓的“无现金”社会的讨论再次成为各界议论的焦点问题。本文拟从税收征管的角度，对“无现金”社会的税收征管进行些许思考。

笔者在2001年前后进行电子货币研究时，针对当时的电子货币和电子银行现象，曾经提出过一个观点：电子货币等非传统支付工具的出现，将有可能导致具有商品交换中介功能的货币产生发行权泛化现象，如图12-1所示。

这一现象在以“大数据、云计算、物联网、移动互联网”为特征的

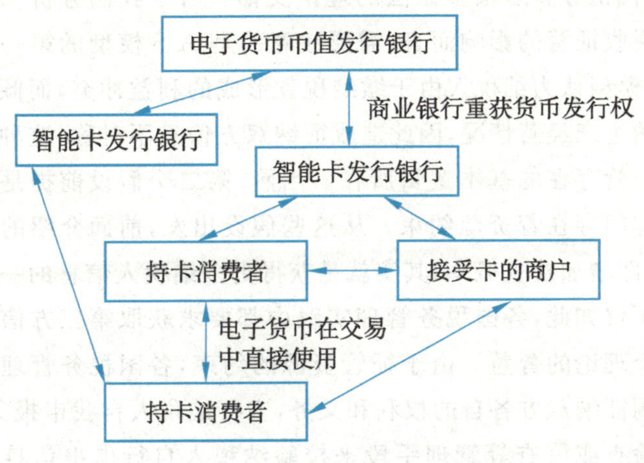

图 12-1 电子货币中的信用泛化示意

新一代互联网信息技术的支撑下有明显加速的迹象。由于货币科技领域不断出现的创新，包括基于区域链基础的“比特币”的出现，在中国已经形成高度渗透率的支付宝、微信等第三方支付，使得我们的社会从未如此接近过十多年来一直讨论的“无现金”社会。至少，在中国的北上广深等大城市，甚至于买一根冰棒都可以通过手机支付的方式实现，而不再使用传统的纸币、硬币等现金方式。这些代表性特征可以认为是“无现金”社会出现的曙光，并会对现有的货币中央集中发行体系产生冲击，甚至进一步影响整个社会经济体系的运行。这一发展趋势又是如何影响税收征管的呢？

我们可以从税收管理的理论分析框架谈起，从中可以发现作为资金流的现金或者非现金在征管中的作用。经典的逃税分析模型是1972 年阿灵汉姆(Allinham)和山德姆(Sandmo)提出的所谓 A-S 模型，该模型通过建立纳税人收益最大化的模型，推导出了一系列的结论，其中征管方面的重要启示则是：通过增加税务部门检查概率和加大处罚力度两大征管措施来防止偷逃税。该模型可以说是税务管理的基本模型，包含绝大多数税务管理的基本原理，基于该模型进行扩展，是现代税务管理很多做法的理论支撑。对于我们分析“无现金”社会对税收征管的影响而言，需要注意的是A-S模型的第一个假设前提，即模型认为纳税人由于缴纳税款形成的利益冲突，而倾向于隐匿真实的生产经营情况，因此造成征纳双方信息不对称，这种信息不对称是征管存在的基本逻辑所在。当然，第二个假设前提是认为税务管理部门存在着资源约束。从这些假设出发，前面介绍的模型结论之一，即增加检查概率，其实就是获得更多纳税人信息的一种理论抽象。不仅如此，各国税务管理实践中都要求获取第三方信息也闪烁着这个理论的智慧。由于征管资源的约束，各国税务管理当局一般是强调征纳双方各自的权利和义务，实行纳税人自我申报义务，通过税收检查或稽查等管理手段来校验纳税人自行申报信息的准确性。我国税务管理部门习惯的所谓“三流一致”检查方式，即通过发票信息、物流信息、支付信息，来推测纳税人的真实经营情况，是中国税务管理国情下的具体应用。

从这个模型中，我们就大致可以定位资金流在税收征管中的作用，并进一步借鉴用来分析“无现金”社会对税收征管的影响。实际上，所谓的“三流一致”是指税务管理部门在纳税人不诚实申报应税义务的情况下，通过开具的发票信息、涉及的商品和服务物流信息、相应的资金流动情况来推测纳税人真实的经营情况。资金流动情况作为“三流”之一，在征管中对是否诚实履行纳税义务起着三足鼎立的重要判断支撑作用。换句话说，仅有资金流的信息并不能完全判断偷逃税行为的存在，并且在传统支付环境中，依靠资金流动情况对纳税遵从的检查的有效性与是否通过银行体系转账、是否存在“账外账”紧密相关。正是因为这些原因，传统税务管理希望通过非现金支付增加征管检查中的信息，甚至于有些税收政策优惠的享受条件中都重点强调非现金支付的必要性。

从这一角度来看，无现金社会从某种程度上可以增加税务管理部门获取资金流动的信息，但这一方面的有效性除了取决于上面提及的实际财务处理的规范合规性，还取决于“无现金”社会的技术实现手段和协作能力。假设“无现金”支付是通过离线匿名机制的数字货币实现的，这种情况下，“无现金”支付就与现有的现金支付对税收征管的影响差不多，税务管理部门仍然无法准确掌握纳税人的支付情况。在全社会支付信息协作方面，如果支付信息整合度较差，各种电子支付平台的信息就无法真实有效地交换到税务管理部门，这种“无现金”社会不仅无助于征管的加强，反而可能会进一步引发混乱。

另外，还有两点也值得一提。第一，现金交易并非必然地和偷逃税联系在一起。一方面，现金交易的存在，更多是为了满足社会经济中由于方便、小额等因素的商品和服务购买需求而存在的；另一方面，从征管实践来看，使用现金交易方式较多的零售行业中，也存在着较高遵从度的企业。即使进一步来看依靠现金支付的地下经济，情况也并没有这么简单。地下经济一直也是经济研究的一个重要问题，地下经济或者非正式经济的存在，是否有利于经济社会的运行，是否是正式经济的润滑剂和孵化场所，都还是存在不同的看法的。无论争论的结果如何，人类历史发展的现实告诉我们，适度规模的非正式经济的存在或许对社会和经济的运行是有一定好处的。

第二，以“无现金”为特征的数字经济也并非必然能提高税收遵从，部分争论较多的电子商务企业税收遵从问题正是出自这一原因。苹果、谷歌等跨国公司推动了旨在调整数字经济环境下国际税收关系的 BEPS 行动计划的出台，其中第一项就是应对数字经济带来的挑战。

实际上，想要正确地认识“无现金”社会对解决税收不遵从现象的作用，可以从 A-S 模型的发展道路上得到一定的启示。所谓 A-S 模型，是指 Allinham 和 Sandmo 针对纳税不遵从提出的开创性理论模型，该模型主要分析了税收遵从的强制机制。在 A-S 模型 30 多年不断完善的基础之上，近些年来国外研究者提出了所谓的遵从坡面模型（S-S 模型），S-S 模型在 A-S 模型所描述的强制性遵从机制之外，又刻画了另一条遵从机制：合作信任也可以提高纳税遵从度。S-S模型的发展，为“无现金”社会的发展和税收征管的关系提供了更高层次的解释。“无现金”社会的出现可为更加和谐高效的社会运作提供良好的金融基础设施环境，可为进一步通过技术强化包括税务部门在内的政府、企业和社会公众之间的合作型税收遵从信任机制提供了良好的条件。“无现金”支付结合税务管理中的电子发票、电子申报、电子纳税服务等优质管理和服务产品，可为进一步提高纳税遵从、降低税收成本提供强大支撑，有助于形成现代化税务管理的局面，为税收在现代国家治理中的基础性、支柱性和保障性作用提供微观基础。

总之，“无现金”社会对税收征管的影响，既遵循着税务管理的内在规律，又伴随着新的技术条件发生了一些新的变化。可以肯定的是，这一现象的出现可以进一步帮助降低税收管理的制度性运行成本，是有利于税收征管的技术发展方向的，辅之以科学的税收政策和管理制度，必定可以加速现代化社会的税收治理。

参考文献

谢波峰．区块链技术的税务应用前景．中国税务报，2018-01-31.

【波波教授】

10话

探道之三

“互联网+”未来的税收政策与征管

“互联网+”深入发展之后，未来社会经济将发展出新的特征。“智能化”“无现金”等在将来都可能成为现实。税收政策与管理显然会受到这些方面的影响。

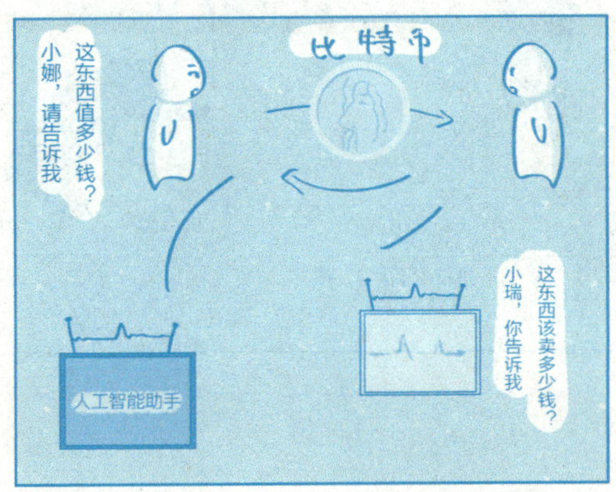

在未来社会，虽然存在信息收集的优势，但税务管理并不会简单地像某些人想象的那样，通过比特税自动征收。

将货币流动与税收征管联系起来可以加强税收征管，但要辅之与物流、发票等其他信息，才能准确判断是否有偷逃税行为。

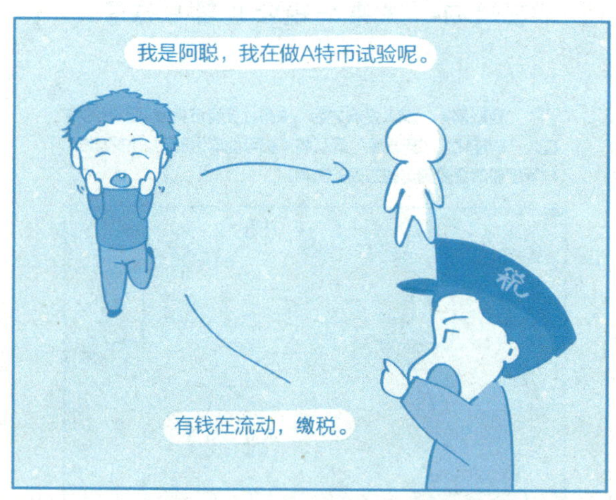

正确认识“无现金”等新兴社会经济特征对税收政策和税收征管的作用，建立更加和谐高效的征管机制。

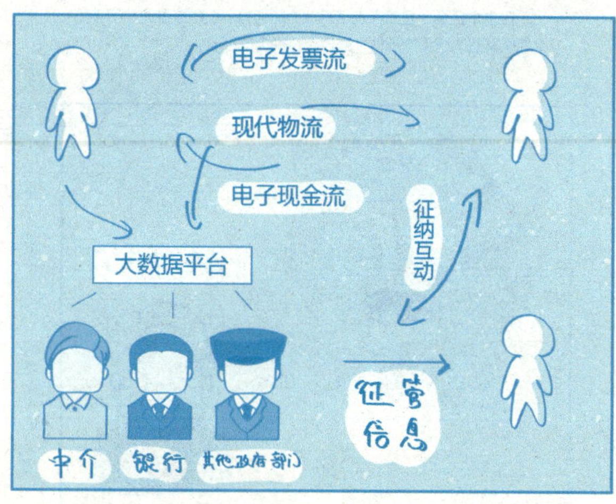

“互联网+”未来的税收征管平台，至少应该具备以下特征：过程和信息透明化，流程和对象自动化，决策智能化，建设税务智能中心、税务大数据中心等关键核心功能部门。

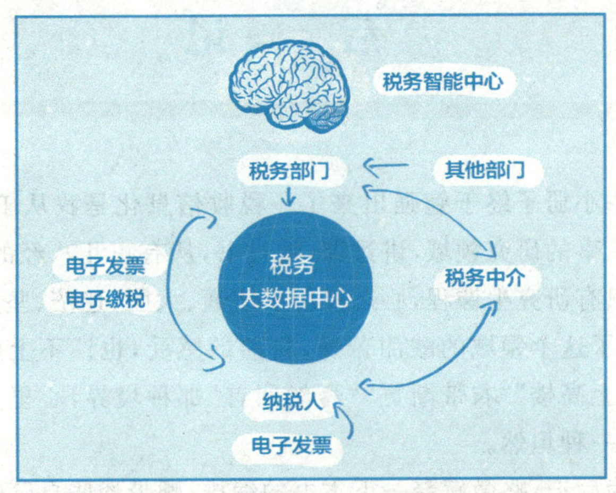

创意&文字：谢波峰　绘图：王玲燕　剪辑：罗梦宇

后　记

这本小册子终于勉强出来了。税收信息化是我从工转文后，一直以来从事的研究领域，讲过课，编过书，从有正儿八经的本科课程，到现在只有研究生课程，心态经历了懵懂、大胆、迷茫、坚定等各种阶段，尝遍了这个领域的酸甜苦辣，目前的感受，也谈不上到达所谓治学的"独上高楼""衣带渐宽""蓦然回首"那种境界，心里更多的是一种淡然，一种坦然。

作为后记，略微解释一下本书的编排，顺带谈些自己的想法。

首先，书名也没有特殊概念，听起来好像仿照其他领域的大家，是因为这些年来相关主题正好凑足了12讲之数。

其次，关于内容的选择还有过一番考虑。这也的确是税务信息化研究面临的首要问题。这一领域叫法甚多，以前叫税收电算化，经由"税务信息化"到现在的"互联网＋税务"(我还写过一篇小文讨论了这个话题)，涉及方面众多，大家都可以从不同角度切入，谈论的人也不少。这一领域不仅名字一直在变化，专门从事这方面研究的人也不多，我由于各种机缘一直待在这个领域，这些年坚持下来了，感觉到这个领域涉及的内容太多，要成为一个研究方向，的确需要界定好边界。从学科承袭来看，我近几年有个观点，认为财税金融信息化可以被看作是管理信息系统(MIS)在财税金融领域的一个细分，但仔细琢磨，好像也有所局限。正如信息化是社会发展的阶段一样，从财税金融领域发展的角度来看，又有点未来趋势研究的感觉在里面。所以我在斟酌题目是叫"互联网税务"还是"互联网税收"时，还是选择了"互联网税收"，并且在选择内容的时候，涉及了税收信息化的外部环境、建设内容，还选入了一些信息化对税收政策和管理产生影响的内容。

其实关于税务信息化应该研究什么问题，谭荣华教授在2009年有一个概括(包括形势与任务，战略格局，核心竞争力，决策支持，信息化支撑平台、实施，管理体制与机制)，我觉得也非常好。

最后，我对本书用途的一个设想是将来可以作为开设这门课程的参考材料，以解决相关课程的文本问题，毕竟没有一个文本，对于综合性较强的一个课程来说，对老师和学生都是一个挑战。为了满足这个需要，文中有一些注释，列举了我认为重要的说明。在每一讲后面，我也列出了相关的一些文件和文献，当然这些作为学术研究性的文献还远远达不到要求，只是作为督促自己将来要补充许多内容的提醒。

总之，在我看来，这本小册子是一个小结，也是我对继续进行税务信息化研究的一个表态，更是一个新的起点，希望能开启面向未来税务管理现代化的税收信息化研究新境界。

最后，感谢接纳我、引领我走上税收信息化研究的谭荣华教授，关心和支持我的税务部门各级领导、朋友，各兄弟院校、科研机构的各位老师，中国人民大学财政金融学院的各位老师！更要感谢我的父母、家人，这些年正是因为他们的支持，我才得以有些空闲写下这些。

谢波峰

2018年9月

附录　波波教授漫话互联网税收系列目录索引

【波波教授】

01话

什么是

互联网税收之道

的主题

互联网税收绝对不是黑客们、技术"狗"们所擅长的TCP/IP、区块链之类的专业领域知识，也不是谈论建设互联网税收各种应用，网上申报、微信缴税之类的。

那我们要讨论的互联网税收是什么呢？

我们就是要讨论税收在互联网时代的"正确打开方式"，税收成为了每一个公民都应该正确认识、正确关心、正确处理的领域。

在这个时代，对于税收的理解，由于互联网的内生技术特性，或许有了一种新的机遇，以跳出以往存在的各种误解。

如果没有利用好这些特点，我们对税收的理解，仍然还会停留在以前的时代，无法承担现代国家治理基础和支柱的作用。

现行的税收制度、税收管理，专业性强，普通人难以理解，而所谓的"大V"在这个知识分子变成了"知道分子"的"大嘴"时代，却又把税收说得面目全非！

不少大V，说起其他的不知道专业不专业，说起税来可完全是外行！

一个杂货店要缴的税费主要是：营业税5%；增值税4%~17%；城建税，税率是营业税与增值税额之和的7%；教育费附加，税率是营业税与增值税之和的3%；地方费附加，税率是营业税与增值税之和的2%；还有印花税、城镇土地使用税等。我数了一下，大概是15项税，和超市的税是一样的.

这明显是不会税的大V呀！

在营改增前，销售商品和服务在销售环节的流转税一般只缴一种，要不缴增值税，要不缴营业税。

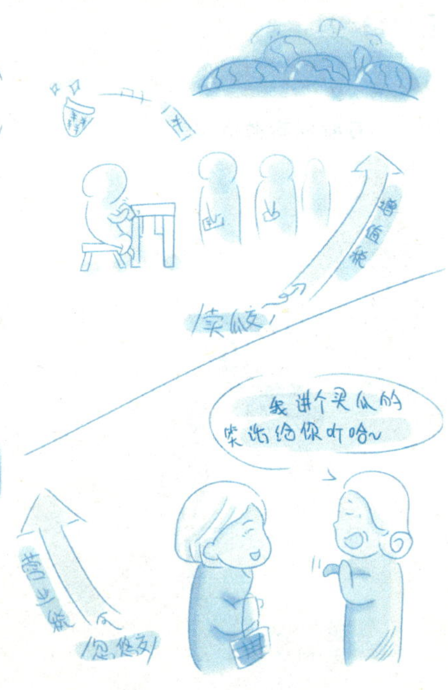

但是对于普通群众而言,是卖“真瓜”还是卖“假瓜”？要去缴增值税还是营业税？还是有点复杂。所以就营改增了，目前销售产品和服务的流转税一般就只有增值税一种了。

统计显示，商业企业的增值税税负一般是2%左右。
总体税负大约是3%。

互联网税收之道，既要讨论互联网时代税收的内在之“道”，即现代社会中税收的特征、规律，也要讨论如何找到到达之“道”，即建设现代社会税收的路径。

创意&文字：谢波峰

绘图：王玲燕

剪辑：罗梦宇

【波波教授】

02话

MR.B的税单

话说不懂税的大V出错了，这也不稀奇。连著名媒体也不例外，2011年某著名媒体登出了一个著名的MR.B的税单，影响颇大，推动了纳税人对税收的关注，但是在税收知识的专业性、科学性上则有待进一步讨论。

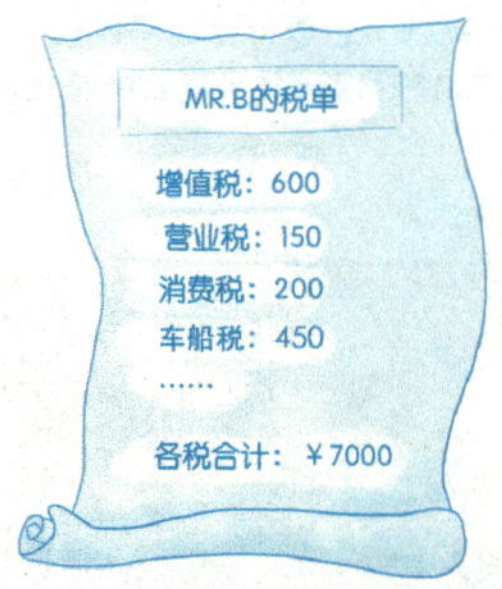

这个MR.B的税单算得一板一眼，看起来挺科学的，但现在最可怕的就是看起来很科学的“民科”，尤其是互联网之后，“民科”无处不在。

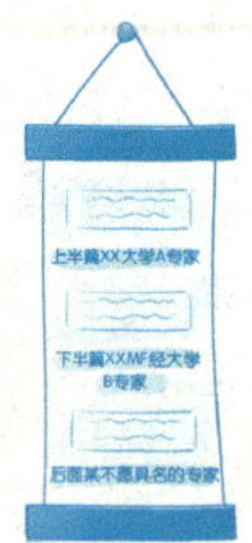

实际税负的问题。就增值税而言，差不多都听说过著名的计算应纳税额的方法——销项减进项，所以理论税负不是实际税负。

转嫁的问题。不是说各环节的税负最后都会转移到最终消费者吗？那实际税负各环节相加后，最后也就是17%的税负呀！

NO！NO！NO!

税负转嫁指税法上规定的纳税人将自己所缴纳的税款转移给他人负担的过程。

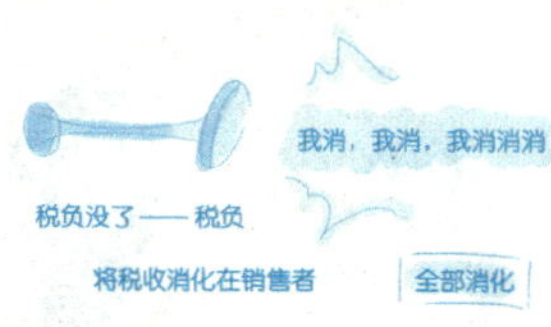

部分转移部分消化

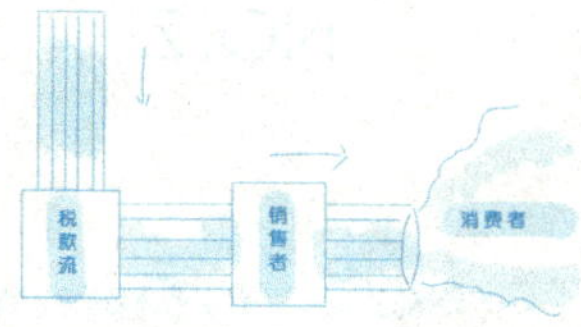

至少从逻辑上有三种转嫁方式：全部转移、全部消化、部分转移部分消化

转嫁的问题，其实就是我们经常说的（缴）纳税人和负（担）税人不一致的问题。销售者以纳税人身份缴纳的税款，在完全转嫁的情况下，可以认为是消费者负担的。

根据研究，在我国，商品和劳务税（增值税、营业税、消费税等）的转移程度约为三分之一，所得税约为四分之一，而财产税的转移程度略大。

例如在二手房买卖中连卖房者需要缴纳的个人所得税都由买房者负担。

如果没有税收专业知识的科学性，只有互联网的联接，或许世界上最远的距离是我在税收世界的这边，你在税收世界的那边。

创意&文字：谢波峰

绘图：王玲燕

剪辑：罗梦宇